100%
RECYCLINGPAPIER

Wir bedanken uns herzlich bei
Dokko-An Kokugyo Kuwahara und der Galerie Sakura
(www.galerie-sakura.de) für die Erlaubnis,
die Kalligraphie des Zenkreises abzudrucken.

Tineke Osterloh:
Dharma Coaching
Copyright der deutschen Ausgabe
© Theseus in J. Kamphausen Verlag &
Distribution GmbH, Bielefeld 2013
info@j-kamphausen.de
www.weltinnenraum.de

Lektorat: Susanne Broos
Umschlaggestaltung: Morian & Bayer-Eynck,
Coesfeld, www.mbedesign.de
Umschlagfoto: © cienpiesnf_fotolia.de
Layout/Satz: KleiDesign, Bielefeld
Druck & Verarbeitung:
Westermann Druck Zwickau GmbH

1. Auflage 2013

Bibliografische Information der Deutschen Nationalbibliothek

Die Deutsche Nationalbibliothek verzeichnet diese
Publikation in der Deutschen Nationalbibliografie;
detaillierte bibliografische Daten sind im Internet
über http://dnb.d-nb.de abrufbar.

ISBN Printausgabe: 978-3-89901-540-9

ISBN E-Book: 978-3-89901-784-7

*Dieses Buch wurde auf 100% Altpapier gedruckt und ist alterungsbeständig.
Weitere Informationen hierzu finden Sie unter* www.weltinnenraum.de

Tineke Osterloh

DHARMA COACHING

Klarheit und
Gelassenheit finden

Theseus Verlag

Meinem Freund
und Lehrer
Christopher Titmuss

VORWORT

Dieses Buch ist ein Leitfaden für eine lebendige Ethik im Alltag. Er ist konzentriert auf das Wesentliche: den Geist der inneren Freiheit und die Haltung von Respekt und Mitgefühl.

Bei der Entwicklung der einzelnen Kapitel kam es mir darauf an, immer aus mehreren Perspektiven auf die verschiedenen Themen zu schauen. Man erfasst sie dadurch anders, vielleicht spielerischer. Als buddhistische Meditationslehrerin war es mir natürlich wichtig, diesen Leitfaden auf der Basis der Ethik des Achtfachen Pfades und der Weisheit des Dharma zu entwickeln. Als Coach und Beraterin interessierte mich besonders die psychologische Ebene: Wie beeinflusst die Ethik unsere Beziehungen? Woran orientieren wir uns in der ethischen Selbstführung?

Und nicht zuletzt interessierte mich auch die visionäre Seite der Ethik: Wie würde sich unsere Gesellschaft und Wirtschaft verändern, wenn wir eine Kultur pflegten, in der Leistung und Fürsorge gleich viel gelten? Welche Auswirkungen hätte dies auf unser persönliches Leben? Ich vermute, wir würden ein ungeahntes Maß an Klarheit und Gelassenheit erreichen.

Ich wünsche Ihnen beim Lesen viel Freude und Inspiration!

Besonders danken möchte ich allen, die mich bei der Entstehung dieses Buches so großzügig unterstützt haben. Danke.

Hamburg, Juni 2013
Tineke Osterloh

1.
EINFÜHRUNG IN DIE ETHIK DER FÜNF HANDLUNGS-EMPFEHLUNGEN

Menschen teilen mit allen anderen Lebewesen einen existenziellen Wunsch: Sie wollen glücklich sein. Keiner will leiden. Wirklich niemand. Selbst das brutalste und hässlichste Lebewesen nicht. Doch diese Sehnsucht in konkretes Denken, Handeln und Kommunizieren umzusetzen ist im Alltag schwierig. Es stellt uns vor beträchtliche Herausforderungen, mit uns selbst und anderen einen wirklich friedlichen Umgang zu finden.

Was fördert unser Glück und Wohlergehen miteinander und die Entfaltung unseres positiven menschlichen Potenzials? Wie kann man sein Leben so führen, dass man weder für sich noch für andere unnötig Leiden schafft? Woran kann man sich orientieren? Bei all diesen Fragen geht es um ethische Selbstführung. Aus buddhistischer Sicht hat ethische Integrität wenig mit Vorschriften, Gehorsam oder Ritualen zu tun. Unverzichtbar ist es jedoch, dass wir unser Bewusstsein schulen. Wir sollten unseren Geist *und* unser Herz bewusst zu Rate ziehen, wenn wir über unser Leben nachdenken. Schärfen Sie Ihr Bewusstsein. Lassen Sie uns den Mut und die Beharrlichkeit kultivieren, genau hinzuhören und zu überlegen, was wir aus unseren Lebenserfahrungen ehrlich und ungeschönt lernen können Wenn wir unseren Erfahrungen unvoreingenommen lauschen, kann sich auf *natürliche Weise* ein innerer ethischer Kompass entwickeln.

ETHISCHER KOMPASS

Die fünf buddhistischen Handlungsempfehlungen sind universelle Empfehlungen, die helfen können, einen ethisch integren Lebensstil zu entwickeln. Der Buddha hat häufig darauf hingewiesen, wie wichtig es ist, sich an diesen Empfehlungen zu orientieren, um unnötiges Leiden zu vermeiden. Traditionell werden diese Empfehlungen die *Fünf Silas* genannt. *Sila* bedeutet wörtlich *Sittlichkeit*, *Tugend* oder *Harmonie*. Mir gefällt als Übersetzung das Wort

Anstand am besten, weil es weniger moralische Anklänge hat. Sittlich sind fromme Betschwestern. Aber wenn sich jemand anständig verhält, dann ist damit gemeint, dass er ehrlich ist, Verantwortungsgefühl und Rückgrat hat. Dies trifft eher die Bedeutung der Silas.

HARMONIE

Ziel der Empfehlungen ist, inneren und äußeren Frieden und Harmonie zu stärken. Der Stellenwert der *Harmonie* wird vielleicht manchmal unterschätzt oder belächelt. Das mag daher kommen, dass wir zu schnell an das Wort *Harmoniesucht* denken. Tatsächlich aber schätzen Menschen die Harmonie. So halten wir uns gerne an Orten auf, die eine harmonische Ausstrahlung haben, und von Paaren, die in einer wirklich harmonischen Beziehung miteinander leben, geht eine gewisse Faszination aus. Die Kunst der Harmonie ist anspruchsvoll. Sie erfordert ein Mindestmaß an Wissen um Ordnung sowie große Aufmerksamkeit für die Signale der Umgebung und für die Impulse in unserem Körper, unserem Herzen und unserem Geist. Je feiner die Wahrnehmung ist, desto klarer lassen sich Disharmonien aufspüren. Es ist eine Frage des Fingerspitzengefühls, sie zu erkennen und die Situation wieder in „Ordnung" zu bringen.

Leider haben wir es uns angewöhnt, unsere Skrupel oder Bedenken nicht immer ernst zu nehmen und stattdessen mit Disharmonien zu leben: ob es der rücksichtslose Umgang mit der Natur ist oder mit unserer eigenen Gesundheit, ob es die Unempfindlichkeit gegenüber dem Schicksal der Kinderarbeiter ist, die unsere billige Kleidung herstellen, oder das Leugnen der Langeweile in bedeutungslos gewordenen Beziehungen und Freundschaften. Wir machen einfach weiter und wundern uns, dass wir unglücklich sind.

Die buddhistische Ethik setzt an den Wurzeln von Leiden und Unglück an. Sie gibt wertvolle Orientierungspunkte dafür, sich so auszurichten, dass unser Handeln harmonischer wird, ohne von einem moralischen Zeigefinger Gebrauch zu machen. An Gehorsam und artiger Oberflächlichkeit ist diese Ethik nicht interessiert. Der Gedanke der Strafe oder Sünde ist ihr fremd. Doch sie gibt dem Einzelnen die *Verantwortung* für sein eigenes Handeln.

DER ACHTFACHE PFAD

Ethik ist Teil der Architektur des *Achtfachen Pfades*. Dieser ist Bestandteil der *Vier Edlen Wahrheiten* und gehört damit zu den Kernstücken der buddhistischen Weisheitslehren (Dharma). Mit dem Wort *Dharma* werden die lebendigen, zeitlosen und oft recht subtilen Weisheitslehren bezeichnet, wie sie der Buddha und große Meisterinnen und Meister nach ihm vermittelt haben. Doch niemand muss sich zum Buddhismus bekennen, um sich von diesen alten Kulturlehren inspirieren und leiten zu lassen. Als Erkenntnisweg wird er nicht geglaubt, sondern praktiziert. Daher steht er allen Menschen offen.

Der Achtfache Pfad besteht aus den folgenden Elementen, die ineinandergreifen:

- Die *Geistesschulung* fördert intensiv Achtsamkeit, Konzentration und heilsame Geisteskräfte (wie innere Ruhe, Liebe, Großzügigkeit oder Vertrauen).

- Die *Ethik* stärkt weises Handeln, einen integren Arbeitsstil und Umgang mit Geld sowie einfühlsame Kommunikation. Hier sind die Fünf Handlungsempfehlungen, die Silas, verankert.

- Die *Weisheitsschulung* verfeinert das Verständnis der Ursachen von Unzufriedenheit und Leiden und zeigt, wie man sich von seinem Kummer befreit. Ein wichtiger Aspekt dieser Schulung betrifft die Kultivierung einer heilsamen inneren Ausrichtung und Haltung.

Interessant ist, dass die drei Bereiche dieser Lebensschulung in intensiver Wechselwirkung (Interdependenz) miteinander stehen. Ohne einen ethischen Lebensstil ist eine klare Geistesschulung (Konzentration, Achtsamkeit) nur schwer möglich, weil man durch Disharmonie und Schuldgefühle mental und emotional zu aufgewühlt und abgelenkt bleibt. Andererseits ist ein ethischer Lebensstil sehr schwierig, wenn Herz und Geist nicht klar und wohlwollend sind.

Ein gut geschulter, geschmeidiger Geist öffnet sich für weise Erkenntnis. Man versteht immer deutlicher, dass die Ursachen von Leid und Unglück in den großen Antriebskräften von Gier, Hass und Orientierungslosigkeit gründen, und ändert dadurch sein Verhalten. Innere Klarheit und eine ethische, harmonische Lebensführung stehen also in dichtem, wechselseitigem Einfluss.

Die Fünf Empfehlungen des rechten Handelns sind traditionell so formuliert, dass sie uns erinnern, welches Verhalten *mit Sicherheit* zu Leiden führt. Sie dienen als Leitfaden im Alltag und erinnern uns daran, Entscheidungen nicht auf der Basis von Gier, Hass oder Orientierungslosigkeit zu treffen. In den alten Schriften sind die Empfehlungen als Gelöbnisse formuliert:

1. Ich gelobe, mich darin zu üben, kein Lebewesen zu töten oder ihm absichtlich zu schaden.

2. Ich gelobe, mich darin zu üben, nichts zu nehmen, was mir nicht gegeben wird.

3. Ich gelobe, mich darin zu üben, keine ausschweifenden sinnlichen Handlungen auszuüben. Insbesondere verpflichte ich mich, sexuelles Fehlverhalten zu vermeiden.

4. Ich gelobe, mich darin zu üben, nicht zu lügen und wohlwollend zu sprechen.

5. Ich gelobe, mich darin zu üben, keine Substanzen zu konsumieren, die den Geist verwirren und das Bewusstsein trüben.

Lebendige Ethik

Die ethischen Empfehlungen auf dem Achtfachen Pfad sind knapp gehalten und lassen sehr viel Spielraum für eigene Entscheidung und Verantwortung. Die Empfehlungen sind nicht schematisch anzuwenden, sondern eine Aufforderung, die angemessene Handlungsentscheidung in der konkreten Situation zu erspüren, zu durchdenken und zu treffen. Insofern haben wir es mit einer sehr lebendigen Ethik zu tun.

Die Empfehlungen sollen uns davor bewahren, blind ins Unglück zu laufen. Sie dienen als Kompass, als kurze, klare Anhaltspunkte im Dickicht des Alltags. Es bleibt aber die Verantwortung jedes Einzelnen, seinen Weg damit zu finden.

Ich habe mich in diesem Buch besonders dafür interessiert, wie man basierend auf den Silas eine positive Vision für einen ethischen Lebensstil entwickeln kann. Wie lässt sich ein Leben so führen und gestalten, dass es Harmonie einlädt? Wie können wir wachsam bleiben für die Kräfte von Gier, Hass und Orientierungslosigkeit und gleichzeitig starke Gegenkräfte kultivieren wie Großzügigkeit, Mitgefühl und Freude am persönlichen Wachstum?

Durch die bewusste Ausrichtung können wir Einfluss darauf nehmen, in welche Richtung wir unser Denken, Handeln und Sprechen lenken: Fördern wir Schmerz, Leiden und Zwietracht oder fördern wir Harmonie, Glück und die Überwindung des Leidens? Wichtiger als die Resultate sind das Handeln selbst und die Absicht dahinter. Denn das Leben lässt sich nicht vollständig kontrollieren. Dazu kommen in dem vielschichtigen Lebensprozess stets zu viele einzelne Ursachen und Bedingungen gleichzeitig zusammen – nur unseren eigenen Beitrag können wir beeinflussen. Doch es ist schon sehr viel gewonnen, wenn uns dies mit Anstand gelingt.

Im folgenden Kapitel werde ich Sie mit drei grundlegenden Themen vertraut machen, die bedeutsam sind für alle weiteren speziellen Betrachtungen und Fragestellungen der buddhistischen Ethik.

Es sind

1. das Naturgesetz von Wandel und Interdependenz,

2. die universale Erfahrung von Leiden und

3. die stärkste und zugleich liebevollste Haltung, die ein Mensch kultivieren kann: das Mitgefühl.

2.
GRUNDLAGEN

ALLSEITIGE VERBUNDENHEIT: WANDEL UND INTERDEPENDENZ

Das Leben strebt kontinuierlich nach Veränderung. Wandel ist sein Markenzeichen. Daher spricht man auch von dem *Prozess des Lebens*. Das lateinische Wort *procedere* bedeutet wörtlich *fortschreiten*. Wenn man auf einzelne Ausschnitte daraus schaut, spricht man ganz selbstverständlich von Wachstumsprozessen, Erkenntnisprozessen, Lernprozessen, Heilungsprozessen, Meinungsbildungsprozessen, Zerfallsprozessen und vielen anderen Formen des *Fortschreitens*. Ihnen allen gemeinsam ist, dass sie Entwicklung und Veränderung ausdrücken. Eine Geschichte aus Nordamerika erzählt davon in wunderbarer Weise:

> *Ganz oben in den Bergen erblickte eines Tages ein Rinnsal das Licht der Welt. Flink und unbekümmert hüpfte es über jeden kleinen Stein, der sich ihm auf dem Weg zum Tal in den Weg stellte. Nach und nach wurde es zum Bächlein und lernte, kleine Steinchen zur Seite zu spülen. Es wurde zum Bach und lernte, sich ein Bett zu graben, und nach einer langen Weile wurde es schließlich zum Fluss. Als Fluss lernte es, tief zu graben, gemächlicher dahinzufließen und langsam, aber stetig den Stein zu schleifen, auf dass er seinen Weg nicht mehr behindere.*
>
> *Und nach einer noch größeren Weile wurde der Fluss sogar zum Strom, der mächtig und sanft dahinfloss und seinen Mäander in die Landschaft grub. Stolz schob er seine Fluten vor sich her, und nichts konnte ihm geschehen.*
>
> *Aber eines Tages erreichte der Strom die Wüste. So recht fiel ihm nicht ein, wie er diese überwinden sollte – die Gefahr des Versickerns war groß. Da er gelernt hatte, in die Welt zu hören, tat er dies in der Hoffnung auf Rat.*
>
> *Und tatsächlich blies der Wind ihm eine Antwort zu: „Verdunste!"*

*„Wer – ich? Der mächtige Strom? Ich soll mich auflösen und
einfach verdunsten?"*

*Es gefiel ihm nicht, sollte sein Weg hier zu Ende sein? Aber er
war klug genug, den Rat des Windes zu befolgen, und tat, wie
ihm geheißen war. Und so verdunstete er. Die Nebel stiegen
auf, sammelten sich und bildeten immer mehr wasserschwere
Wolken. Der Wind hub an und blies aus vollen Backen und
ließ so die Wolken über die Wüste segeln.*

*Und da keine Wüste so groß ist, dass nicht irgendwann einmal
wieder grünes Gras erscheint, kamen die Wolken schließlich
auch dort an. Sie regneten, und Tropfen um Tropfen fiel
herab. Nach und nach sammelten sie sich, und schließlich war
er wieder ein Strom. Bereit, weiterzufließen. Und um eine
wesentliche Erfahrung reicher."*[1]

In dem unüberschaubaren Prozess des Lebens werden in jeder
Sekunde Tausende von Lebewesen geboren oder sterben. Dazwi-
schen liegt eine Phase von Wachstum, Blüte, Reife und Verfall.
Nach dem Tod werden die einzelnen Bestandteile wieder neu inte-
griert: Aus dem Fluss wird Nebel, aus dem Nebel werden Wolken.
Aus den Wolken wieder ein Fluss. Denken Sie an die Nahrungs-
ketten in der Biologie. Je höher ein Lebewesen in einer Nahrungs-
kette steht, desto mehr Mineralien, Nährstoffe und Atome nimmt
es mit der Beute auf, die schon mindestens einmal Bestandteil
eines anderen Tiers waren. Allseitige Verbundenheit bedeutet, dass
es keine Sache gibt, die aus einem Nichts entstehen könnte oder
sich in ein Nichts auflöste. Vielmehr ist alles ständig miteinander
in Verbindung, wechselt dabei aber die Form. Dem Prinzip des
Wandels unterliegen Lebewesen und Nicht-Lebewesen gleicher-
maßen. Ausnahmslos alles, was entsteht, löst sich auch wieder auf,
indem es sich in etwas anderes verwandelt: Landschaften, Wolken,
Bäume, Häuser, Beziehungen, Kulturen, Krisen, das Lachen eines
Kindes und so weiter.

---

1 Stefan Köhler: Der Fluss. Gefunden in: Hans Heß (Hrsg.): Erzählbar, S. 62.

Der Prozess des Lebens ist kein linearer Prozess. Er ist multidimensional, verbunden und vernetzt in alle Richtungen über feine und feinste Verbindungen. Wandel und Veränderungen gibt es nur innerhalb dieser Verbundenheit. Niemand kann sich dem Gesamten entziehen. Paradoxerweise erleben die meisten Menschen sich aber in ihrem Alltag genau anders: als Individuen, die sich alleine oder zusammen mit anderen Individuen durchs Leben kämpfen. Man ist wie hineingestellt in dieses Leben und fühlt sich irgendwie getrennt vom Rest. Doch diese egozentrierte Sichtweise vermittelt nur einen kleinen Ausschnitt der Realität.

Mit unserem als so individuell und höchst persönlich empfundenen Leben stehen wir immer in einem interdependenten Gesamtgefüge von Ursachen und Bedingungen. Nichts entsteht aus sich allein heraus, sondern alles ist immer Teil des kontinuierlichen Wandlungsprozesses, in dem alles miteinander in Verbindung steht. Die Grenzen sind fließend. Alles bedingt und durchdringt sich gegenseitig. Ohne alles andere gäbe es auch unser individuelles Leben nicht in genau der Ausprägung, die es von Moment zu Moment annimmt. Ohne meine Eltern, meine Familie, meine Sprache und Kultur gäbe es mich *nicht genau so*, wie ich jetzt bin. Ich wäre anders. Auch unser jetziges Umfeld wäre im Detail anders, wenn es Sie oder mich nicht gäbe, weil unsere Spuren im Gesamtprozess fehlten. Unser Verhalten, unser Denken und sogar unsere Gefühle und Überzeugungen sind durch eine Vielzahl vorausgegangener Erfahrungen und Bedingungen entstanden – und setzen selbst eine von vielen Ursachen für das, was als Nächstes oder Übernächstes geschehen wird. Bei genauer Betrachtung erscheint daher jeder Augenblick unseres Lebens als der momentane Abschnitt eines Kontinuums. In diesem Moment ist alles so, wie es ist, *weil die entsprechenden Ursachen sich dafür in der Vergangenheit herausgebildet haben.*

In einer Welt, in der alles miteinander in feiner und allerfeinster Verbindung steht, kann sich nicht einmal der geheimste Gedanke außerhalb des gesamten Kontinuums bewegen. Die

Vermutung, man stehe unabhängig in der Welt, erweist sich als Missverständnis.

Der oft im buddhistischen Kontext benutzte Begriff *Interdependenz* bedeutet *wechselseitige Abhängigkeit* und beschreibt damit das Verhältnis der Dinge in diesem Prozess zueinander. Interdependenz beruht auf der Tatsache, dass das Leben von Natur aus ein Wandlungsprozess ist, der sich kontinuierlich weiter entfaltet. Innerhalb dieses Kontinuums steht alles miteinander in einem besonderen Verhältnis. Die einzelnen Lebewesen, Dinge und alle anderen Komponenten sind weder unabhängig noch einseitig abhängig – sie sind wechselseitig voneinander abhängig.

Schauen wir in unseren Körper. Die verschiedenen Komponenten wie Organe, Blut, Nerven, Gehirn, sogar Gedanken und Gefühle stehen auf beeindruckende Art alle miteinander in Verbindung und beeinflussen sich gegenseitig in ihren Funktionen. Das Wunder pulsierenden Lebens zeigt sich im Zusammenspiel der einzelnen Aspekte. Nur alles zusammen bildet einen Menschen und ergibt Sinn. Man kann vielleicht einzelne Organe entnehmen und verpflanzen oder ein Bein amputieren. Aber für sich allein können weder die Organe noch das Bein existieren. Sie gehören in das organische Zusammenspiel des menschlichen Körpers.

Wenn man der Sache noch weiter auf den Grund geht, wird man etwas entdecken, was vielleicht zunächst absurd klingt: In dem gesamten Zusammenspiel der einzelnen Aspekte unseres Körpers werden Sie genau genommen kein einziges Ding finden, das *der Körper* ist. Es gibt diese Essenz einfach nicht. Es gibt nur das Zusammenspiel der einzelnen Komponenten wie Wärme und Wasser und die einzelnen Atome, die wiederum zusammen das Blut und die Organe bilden. Doch keine dieser einzelnen Komponenten würden wir für sich genommen als *Körper* bezeichnen. Auch Gefühle und Gedanken bestehen aus einem Zusammenspiel von hormonellen, chemischen und elektrischen Aktionen. Je genauer man schaut, desto größer wird die Fülle an Details, ohne dass man *die Essenz* findet.

Diese fehlende Essenz bezeichnet man im Buddhismus als Leerheit. Leerheit bedeutet, dass alles aus einer Fülle von Einzelkomponenten in ihrem organischen Zusammenspiel besteht.

Eines Tages ging der berühmt Schwertkämpfer und Zen-Anhänger Tesshu zu Dukuon und berichtete ihm triumphierend, er glaube, dass alles, was existiere, leer sei, es weder „du" noch „ich" gebe usw. Der Meister hörte schweigend zu, bis er plötzlich seine lange Tabakspfeife ergriff und Tesshu damit auf den Kopf schlug. Der erzürnte Schwertkämpfer hätte den Meister beinahe auf der Stelle getötet, doch Dukuon sagte ruhig: „Die Leere ist schnell dabei, Ärger zu zeigen, nicht wahr?" Mein einem gezwungenen Lächeln verließ Tesshu den Raum.

LEIDEN

Unsere Welt des Wandels ist voll von Geschichten, in denen es Menschen durch eigene Kraft oder durch die Hilfsbereitschaft anderer geschafft haben, sich aus Elend, Armut, Vereinsamung oder der Erinnerung an eine traumatische Erfahrung zu befreien. Doch sie ist auch voll von Geschichten, die von Leid erzählen und tragisch enden. Leiden kann sehr intensiv werden und heißt häufig Krebs, Scheidung, Depression oder Burn-out. Es ist immer ein persönliches Schicksal, das hinter dem Leiden steht und das die Angehörigen und Kollegen im unmittelbaren Umfeld berührt, oft auch verunsichert. Denn als Menschen sind wir von Natur aus feinfühlig. Das Leiden eines anderen lässt uns nicht kalt. In dieser Situation ist es nicht immer leicht, eine mitfühlende innere Haltung zu finden, in der das Herz ruhen und Hilfe anbieten kann. Rückhalt und unaufdringliche, liebevolle Zuwendung können den Betroffenen helfen, sich der Situation zu öffnen und sie zu bewältigen. Manche Menschen sind durch die tiefe Fürsorge, die sie erfahren haben, über sich hinausgewachsen.

Kisa Gotami

Der Buddha hat vielen Menschen in persönlichen Krisen geholfen. Er sagte einmal, das Einzige, was er unterrichte, sei Leiden
und das Ende des Leidens. Für seine Schüler und Besucher waren
die Begegnungen mit ihm oft von großer heilender Wirkung. Der
Buddha war dafür bekannt, dass er auf die Fragen und Bitten, die
an ihn herangetragen wurden, sehr individuell einging. Oft erzählt
wird die Geschichte einer jungen Frau namens Kisa Gotami, deren
Ehemann überraschend gestorben war. Nur ihr geliebter kleiner
Sohn war Kisa Gotami geblieben. Doch dann wurde auch er schwer
krank und starb. Seine Mutter war untröstlich. Sie weigerte sich,
ihren Sohn bestatten lassen, und trug den leblosen kleinen Körper
tagelang mit sich herum. Sie bat jeden, den sie traf, um eine Medizin, damit ihr Sohn wieder lebendig werde. Aber natürlich konnte
ihr niemand helfen. Die Geschichte nimmt einen sehr berühren-
den Verlauf: „Schließlich schickte jemand sie zum Buddha, der in
einem nahen Waldstück lehrte. Vor Kummer weinend näherte sie
sich dem Buddha und sagte: ‚Großer Lehrer und Meister, bitte
bring meinen Jungen zurück ins Leben.‘ Der Buddha sagte: ‚Ich
will es tun, aber zuerst musst du etwas für mich tun, Kisa Gotami.
Du musst ins Dorf gehen und mir eine Handvoll Senfkörner (…)
besorgen, woraus ich eine Medizin für dein Kind machen will. Aber
noch eine Sache‘, sagte der Buddha, ‚die Senfkörner müssen aus
einem Haus kommen, wo niemand gestorben ist, wo niemand ein
Kind oder Eltern, Ehepartner oder Freund verloren hat.‘"[2]
   Kisa Gotami lief ins Dorf und fragte von Haus zu Haus. Doch
sie musste feststellen, dass es im ganzen Dorf kein einziges Haus
gab, in dem noch nie jemand gestorben war. Jede Familie hatte
schon Todesfälle gehabt: eine Tante, den Vater oder eine schöne
junge Tochter. Überall hätten die Leute Kisa Gotami gerne mit den
Senfkörnern weitergeholfen, doch alle teilten ihr Schicksal: Es gab

---

2 Diese Version der Geschichte von Kisa Gotami basiert auf der Fassung
   von J. Kornfield und Chr. Feldman (Hrsg.) in dem Buch *Das strahlende
   Herz der erwachten Liebe,* S. 309f.

keine Familie, die dem Tod nicht begegnet war. „Am Ende setzte Kisa Gotami sich in ihrem Kummer nieder und erkannte, dass, was ihr und ihrem Kind geschehen war, jedem geschieht, dass alle, die geboren sind, auch sterben werden." Sie brachte den Leichnam ihres Sohnes zum Buddha zurück, der sie mit Worten der Liebe und der Weisheit tröstete. Ihr Sohn wurde schließlich nach dem üblichen Ritus beerdigt. Für Kisa Gotami war diese heilende Begegnung mit dem Buddha ein Wendepunkt. Im Laufe ihres Lebens wurde sie selber zu einer sehr bekannten weisen Frau.

Prinz Siddhartha

Prinz Siddhartha führte knapp dreißig Jahre ein privilegiertes Leben ohne nennenswerte Entbehrungen oder Rückschläge. Er war schön, erfolgreich und beliebt, aber auch ein wenig naiv, weil er von allen üblichen Herausforderungen des Lebens ferngehalten worden war. Sein Vater hatte vorgesehen, den Sohn eines Tages zu seinem Nachfolger auf dem Fürstenthron zu machen. Bis dahin sollte Siddhartha nicht auf andere Ideen kommen.

Nun war es der Legende nach allerdings so gewesen, dass es bei der Geburt Siddharthas mehrere Anzeichen und eine Prophezeiung gegeben hatte, dass er nicht nur ein weltlicher Herrscher werden könnte, sondern in sich auch das gesamte Potenzial trug, ein Buddha, also ein vollkommen klarer, weiser Mensch, zu werden. Doch als Siddhartha mit knapp dreißig Jahren immer noch in den Tag hineinlebte und keinerlei Anstalten machte, daran etwas zu ändern, waren sich die Götter einig: Es war höchste Zeit zu handeln. Sie mussten den Prinzen aus seinem „Dornröschenschlaf" erwecken!

Als sie von einer Erkundungsfahrt erfuhren, die der Prinz plante, verwandelten einige von ihnen sich und erwarteten ihn als die *vier himmlischen Boten*. Der erste Bote kreuzte Siddharthas Weg als Greis, der gebeugt ging und vom Leben gezeichnet war (Alter), der zweite Bote schaute den Prinzen als schwer kranker Mensch in die Augen (Krankheit) und der dritte Bote zeigte ihm den Tod, indem er sich auf die Straße legte, die Siddhartha entlangkommen würde, und sich in eine Leiche verwandelte. Es war, als wollten die Götter ausrufen: „Sieh her, Prinz Siddhartha, dies ist, was dich mit Sicherheit erwartet! Nur der Zeitpunkt ist ungewiss. Wach auf!" Der vierte himmlische Bote aber verwandelte sich in einen *Saddhu*, einen Wanderasketen, einen Menschen auf der Suche nach Weisheit und einem erwachten Leben.

Diese vier Begegnungen führten zu einer radikalen Wende in Siddharthas Leben. Er ließ alle Bequemlichkeiten des luxuriösen Lebens hinter sich und machte sich auf den Weg ins Unbekannte. Dank der vier himmlischen Boten hatte er erstmals wirklich Leiden gesehen und ernstgenommen. Von da an war es ihm unmöglich, Leiden zu übersehen oder zu leugnen. Im Gegenteil: Siddhartha entwickelte ein kompromissloses Interesse daran, den Weg zu erforschen, wie man sich von Leiden befreien kann. Durch die Erscheinung des vierten Boten wusste er, was er zu tun hatte. Er musste alles, was er meinte zu kennen und zu wissen, hinter sich lassen und sich auf die Suche machen nach wirklichem Verstehen, Weisheit und Mitgefühl.

ÜBUNG

Nehmen Sie sich bitte die Zeit, über die folgenden Fragen unten nachzudenken. Bitte schreiben Sie dazu Ihre Gedanken auf und/oder tauschen Sie sich mit einem Freund oder einer Freundin darüber aus.

1. Glauben Sie, dass Siddhartha auch ohne die verstörende Begegnung mit den himmlischen Boten sein bequemes Leben aufgegeben hätte?

2. Sind Sie selbst auch schon einem oder mehreren dieser himmlischen Boten begegnet? Wie haben Sie reagiert? Hat sich dadurch etwas für Sie verändert? Gibt es vielleicht etwas, was Sie jetzt mehr schätzen können als vorher?

Die unbequeme Wahrheit über das Leiden

Mit großem Mitgefühl beschreibt der bekannte aus Frankreich stammende tibetisch-buddhistische Mönch und Autor Matthieu Ricard die Tatsache des Leidens:

„Ja, die Menschen leiden, in jedem Augenblick, überall auf der Welt. Manche sterben direkt nach ihrer Geburt, manche direkt nachdem sie geboren haben. Jede Sekunde werden Menschen ermordet, gefoltert, geschlagen, verstümmelt, von ihren Lieben getrennt. Andere werden verlassen, betrogen, verstoßen, zurückgewiesen. Manche werden aus Hass, Habgier, Dummheit oder aufgrund von Ehrgeiz, Stolz oder Neid getötet. Mütter verlieren ihre Kinder, Kinder ihre Eltern. Ein nicht abreißender Strom von leidenden Menschen bevölkert die Krankenhäuser. Manche Menschen leiden ohne Hoffnung auf Behandlung. Manche werden behandelt, ohne Hoffnung auf Heilung. Die Sterbenden müssen ihre Schmerzen ertragen und die Überlebenden ihre Trauer. Manche Menschen sterben an Hunger, Kälte, Erschöpfung, andere kommen durch Feuer um, werden von Felsen erschlagen oder von Fluten fortgeschwemmt.

Und nicht nur die Menschen leiden. Ein Tier frisst das andere, in den Wäldern, Savannen, Meeren und am Himmel. Jede Sekunde werden Zehntausende von ihnen von Menschen getötet, in Stücke gehauen und in Dosen gefüllt. Andere müssen vonseiten ihrer Besitzer endlose Qualen leiden, schwere Lasten tragen, ihr ganzes Leben in Ketten verbringen. Wieder andere werden gejagt, aus dem Wasser gefischt, in spitzen Eisenfallen gefangen, in Schlingen erdrosselt, in Netzen erstickt. Weil man auf ihr Fleisch aus ist, auf Moschus, Elfenbein, auf ihrer Knochen, ihr Fell, ihre Haut, werden sie gequält, in siedendes Wasser geworfen oder bei lebendigem Leib gehäutet.

*Das sind nicht nur Worte. Es ist eine Realität, die einen
wesentlichen Bestandteil unseres Alltags ausmacht: Tod, die
Vergänglichkeit aller Dinge und Leid. Auch wenn uns der
Gedanke daran überwältigt und wir uns ohnmächtig fühlen
angesichts von so viel Schmerz und Leid – es würde von
Feigheit oder Gleichgültigkeit zeugen, wenn wir die Augen
davor verschlössen. Mit dem Leid sollten wir uns intensiv
auseinandersetzen und alles in unserer Macht Stehende tun,
um es zu lindern."*[3]

Leiden kann auch durch ein nagendes Gefühl des Mangels ausgelöst werden: Man wird innerlich nie satt. Immer scheint noch
etwas zu fehlen. Man hat das Gefühl, nicht zu bekommen, was man
will oder braucht. Und auch anders herum, wenn man nicht will,
was man bekommt, kann es ebenfalls ziemlich quälend für uns sein.
Innere Widerstände gegen das, was man hat oder erlebt, führen zu
erheblichem Leiden und dem Eindruck, vorübergehend die Kontrolle zu verlieren.

Oft sind es belastende Umstände, die sehr, sehr schmerzhaft
sein können und unmittelbar Leiden verursachen. Noch eine weitere Art des Leidens kann hinzukommen, durch das, was wir über
unsere schmerzhaften Erfahrungen denken, und dadurch, wie wir
uns zu ihnen in Beziehung setzen.

Gier, Aversion und Orientierungslosigkeit führen in belastende
geistig-emotionale Zustände und verursachen uns selbst und anderen so viel Leiden. Gier entsteht aus Gedanken der Gier. Aversion
entsteht aus Gedanken, deren Inhalt mit Gemeinheiten, Rache oder
Hass zu tun hat, und Orientierungslosigkeit aus Gedanken, die auf
falschen Annahmen beruhen. Der Buddha wies darauf hin, dass
diese drei Arten zu denken uns selbst und anderen Leiden verursachen und obendrein jegliche Weisheit verhindern.[4]

---

3 Matthieu Ricard: Glück, S. 88
4 Vgl. dazu: Lehrreden des Buddha aus der Mittleren Sammlung –
   Majjhima Nikaya 19 (im Folgenden mit MN abgekürzt); u.a. zu finden
   unter www.palikanon.com.

MITGEFÜHL

Mitgefühl ist die Haltung, die wir suchen, um eine Position zu der pulsierenden Dichte und Dramatik des Lebens zu finden. Die wohlwollende Haltung des Mitgefühls wirkt befreiend wie frische Luft. Die Atmosphäre, die vom Mitgefühl ausgeht, ist zutiefst heilsam und beruhigend. Weises Mitgefühl ist weniger ein Gefühl, als die innere *Haltung* des ehrlich guten Willens, es ist ein tiefes Wohl*wollen* und der klare Wunsch, dass kein Lebewesen leiden soll. Ein mitfühlender Mensch befindet sich in feiner, empathischer Resonanz mit dem, was ihn umgibt. Aber er lässt sich nicht mitreißen. Er ist trotz großer Anteilnahme am Geschehen tief verankert in einer freundlichen, hilfsbereiten Haltung gegenüber dieser verrückten, brutalen, gierigen, zärtlichen, blühenden, schönen, lachenden, weinenden Welt.

Erich Fried beschreibt in einem wunderbaren Gedicht, wie unendlich tröstlich und heilsam es ist, verstanden und ausgehalten zu werden, wenn uns Leiden und Unglück bedrücken:

Aufhebung

Sein Unglück
ausatmen können
tief ausatmen
so daß man wieder
einatmen kann
Und vielleicht auch sein Unglück
sagen können
in Worten
in wirklichen Worten
die zusammenhängen
und Sinn haben
und die man selbst noch
verstehen kann

und die vielleicht sogar
irgendwer sonst versteht
oder verstehen könnte

Und weinen können

Das wäre schon
fast wieder
Glück.[5]

Mitgefühl ist eng verwandt mit den Kräften der Liebe, der Freude und der Gelassenheit. Sie sind die großen, natürlichen Qualitäten, die unser menschliches Herz ausmachen. Lebensfreude lässt uns das Leben feiern – die Momente der Leichtigkeit, der Leidenschaft und der Schönheit, den Sommermorgen und den ersten Atemzug eines neugeborenen Kindes. Mitfreude ist die wohlwollende Haltung gegenüber dem Erfolg und Glück eines anderen: Gratulation!

Mitgefühl und Empathie

Mitgefühl und Empathie werden oft verwechselt, sie sind jedoch unterschiedlich. Sie können auch neurowissenschaftlich klar unterschieden werden, da sie verschiedene Hirnareale aktivieren.[6] Empathie ist unsere natürliche Fähigkeit, uns für die emotionale Lage eines anderen Lebewesens auf der gleichen emotionalen Wellenlänge zu öffnen. Ähnlich wie wir durch Musik in eine feine Resonanz versetzt werden, können wir durch die Gefühle einer anderen Person in eine empathische Resonanz und damit in eine emotionale Schwingung kommen. Man nimmt den emotionalen Ton der

---

5 Aus: Erich Fried: Beunruhigungen © 1984 Verlag Klaus Wagenbach, Berlin
6 Siehe dazu den Artikel von Olga Klimecki, Susanne Leiberg, Matthieu Ricard und Tania Singer: *Differential pattern of functional brain plasticity after compassion and empathy training* von Mai 2013 (u.a. auf der Website von Matthieu Ricard, www.matthieuricard.org, unter „Artikeles scientifiques" zu finden)

anderen Person in sich selbst auf und schwingt in der gleichen Tonlage. Dies funktioniert mit sämtlichen Emotionen, sowohl mit angenehmen als auch mit unangenehmen.

Menschen mit einem ausgeprägten empathischen Einfühlungsvermögen können sich schnell in die emotionale Lage einer anderen Person einfühlen. Wenn sie zum Beispiel mit jemandem zusammen sind, der sich gerade über etwas sehr freut, dann spüren sie diese Freude selber auch bald. Wenn dagegen schlechte Stimmung etwa bei einem Team-Meeting ist, zu dem sie hinzukommen, nehmen sie auch dies durch ihre empathische Resonanz rasch wahr. Empathisches Einfühlungsvermögen ist bei allen Menschen unterschiedlich stark ausgeprägt. Die Fähigkeit zur Empathie ist jedoch eine natürliche Fähigkeit, die sich im Laufe der menschlichen Entwicklungsgeschichte herausgebildet hat. In welchem Ausmaß es einem Menschen als feines soziales Instrument tatsächlich zur Verfügung steht, ist davon abhängig, wie intensiv es im Laufe seiner persönlichen Lebensgeschichte durch Erziehung und Erfahrung eingeübt und genutzt wurde.

Empathische Resonanz kann aber auch zu einer emotionalen Überflutung und Überforderung führen, wenn sie nicht stark im Mitgefühl verankert ist. Dies betrifft vor allem die engagierten Mitarbeiter in helfenden und sozialen Berufen, wie Ärztinnen, Feuerwehrleute, Sozialarbeiter oder Psychotherapeuten, die intensiv mit Menschen in akuten oder chronischen Leidenszuständen arbeiten. Ähnliches erleben manchmal auch Menschen, die einen schwerkranken Freund oder Angehörigen pflegen. Aversion, Abstumpfung, Zynismus oder Erschöpfung und Depressionen können die Folge sein. Um dies zu verhindern, bedarf es eines hohen Maßes an Resilienz – der Fähigkeit, sich in relativ kurzer Zeit von einer emotionalen Kraftanstrengung wieder zu regenerieren.

Zusammenfassend lässt sich sagen, dass Empathie die wichtige soziale Fähigkeit ist, uns auf andere Lebewesen einzustellen und sie besser zu verstehen. Empathie bietet aber keine hinreichende Möglichkeit, in der gegebenen Situation eine weise, mitfühlende

Führung beziehungsweise Selbstführung zu übernehmen. Mitgefühl fördert diese unabhängige Haltung und stärkt damit die Resilienz. Mitgefühl ist der gute Wille und die wohlwollende innere Haltung, mit der man im Leben steht. Es ist eine grundlegende Lebenseinstellung hinter dem Denken, Sprechen und Handeln. Sie ist auch völlig unabhängig von unserer momentanen Gefühlslage. Regelmäßig haben Menschen, die ihr Leben mit dieser Haltung führen, eine warmherzige, zugewandte Ausstrahlung. Manchmal äußert sich Mitgefühl einfach in einem freundlichen, offenen Blick, manchmal in der spürbaren Anteilnahme und Bezeugung des Leidens eines anderen, manchmal in konkreter Hilfe.

Mitgefühl und Empathie stehen in einem engen Verhältnis zueinander. Die Haltung des Mitgefühls wird durch die empathische Resonanz bereichert, denn Empathie ist die Basis, auf der wir uns mit einem anderen Menschen emotional verbinden und seine Situation verstehen. Wir brauchen Empathie, um uns in das Leiden eines anderen Lebewesens einfühlen zu können. Doch Empathie muss in der unabhängigen Haltung des Mitgefühls verankert sein, damit man sich nicht im Leiden verstrickt und ausblutet.

ÜBUNG

Ihre eigene empathische Resonanz können Sie während eines beliebigen Gesprächs mit einer Freundin oder einem Freund erforschen. Richten Sie dabei einen Großteil Ihrer Aufmerksamkeit auf die emotionalen Signale ihres Gesprächspartners. Registrieren Sie feinfühlig, was Sie in der Mimik, Gestik, Körpersprache, in dem tatsächlich Erzählten oder in der Stimmung im Raum wahrnehmen. Wenn Sie dann auch sich selbst die gleiche feinfühlige Aufmerksamkeit schenken, werden Sie möglicherweise ähnliche Körpersignale und Gefühle an sich entdecken. Dies ist normal. Durch empathische Resonanz wurde die gleiche Saite in Ihnen zum Schwingen gebracht. Dies kann angenehm oder unangenehm sein.

Versuchen Sie, das, was Sie registrieren, nicht zu bewerten. Eröffnen Sie einen inneren Raum des guten Willens für Ihren Gesprächspartner. Machen Sie sich klar, dass Ihr Freund oder Ihre Freundin, genauso wie jeder andere, den existenziellen Wunsch hat, glücklich zu sein, sicher zu sein und ohne Sorgen zu leben. Verankern Sie die mitfühlende Haltung in Ihrem Geist.

Maskeraden des Mitgefühls

Eine Maskerade des Mitgefühls ist nicht leicht zu durchschauen. Sie ist eine innere Haltung, die von außen betrachtet dem Mitgefühl zum Verwechseln ähnlich ist. Es handelt sich jedoch um eine Imitation. Der Unterschied zum weisen Mitgefühl liegt in den Motiven für das Verhalten. Hinter der Mitgefühls-Maskerade versteckt sich meistens ein Bündel von Motiven, die mit eigenen Bedürfnissen oder Verletzungen des Maskenträgers zu tun haben. Sogar das Gegenteil von Mitgefühl kann dazugehören: Aversion und insbesondere Selbsthass. Daher fühlt man sich in der Maskerade auch weder sich selbst noch dem Rest der Welt freundlich gesinnt, sondern eher isoliert. Ein Beispiel: Krankenschwester L. ist auf ihrer Station beliebt, da sie mit Patienten und Kollegen sehr geduldig und hilfsbereit ist. Doch es gibt einen Menschen, dem sie sehr viel abverlangt und mit dem sie oft hart ins Gericht geht: sich selbst. In Gedanken kommentiert und kritisiert sie viele ihrer Handlungen und schimpft sich dafür aus, wenn ihr etwas nicht gelingen will. Obwohl sie oft von ihrer Vorgesetzten Lob für ihre Arbeit bekommt, kann sie nie ganz glauben, dass sie gemeint ist. Der Vorschlag, auch sich selbst gegenüber freundlich und fürsorglich zu sein, befremdet sie. Fast zwanghaft vernachlässigt sie ihre eigenen Bedürfnisse hinter der altruistischen Rolle der Krankenschwester.

Unter der Maskerade des Mitgefühls bewertet man sich und andere stark. Gleichzeitig wird versucht, nach außen das Bild der mitfühlenden Person so gut wie möglich zu wahren. Eine Zerreißprobe. Aggressives Verhalten bricht manchmal durch in besserwisserischen Bemerkungen, einem kurzen arroganten Lächeln, welches für Millisekunden über das Gesicht huscht, oder auch in einer übertrieben abwehrenden Haltung gegenüber allen sogenannten Egoisten. In ganz seltenen Ausnahmefällen kann sich die gespielte mitfühlende Haltung sogar völlig ins Gegenteil verkehren. Gemeint sind die erschreckenden Geschichten von einzelnen Krankenschwestern oder Pflegern, die „aus Mitgefühl" zu Mördern an ihren schwächsten Patienten wurden. Der bekannte Psychiater und Autor Borwin Bandelow geht davon aus, dass narzisstische Machtausübung hinter den bizarren und sinnlosen Morden steht. „Eindrucksvoll ist, wie die barmherzigen ‚Todesengel' das perfekte Bild eines altruistischen, aufopfernden Menschen imitieren konnten. Sie waren Meister der Verstellungskunst."[7]

Mitgefühl und Gehorsam

Es ist ein geradezu unheimliches Phänomen: Wo Menschen als Untergebene in autoritären Beziehungen agieren, kann dieser Umstand intensiven Einfluss auf ihre ethische Selbstführung haben. Das eigene Urteilsvermögen wird innerlich entwertet, und wir stellen uns unter die ethische Führung einer äußeren Autorität. Im Extremfall verlieren die Untergebenen vorrübergehend ihr intuitives Gespür für Menschlichkeit und ihre mitfühlende, wohlwollende Haltung. Dies haben nicht erst Stanley Milgrams umstrittene Experimente zum Autoritätsgehorsam deutlich gemacht, die er 1961 in den USA durchführte.

Solange der Gehorsam der Untergebenen auf der Angst vor Bestrafung und Gewalt basiert, gibt es auch noch Empörung und einen letzten inneren Freiraum.

Wird der Anführer allerdings zum Allwissenden und Allgütigen gemacht, geben seine Anhänger ihre eigene ethische Autonomie

---

7 Borwin Bandelow: Wer hat Angst vorm bösen Mann, S. 292f.; ergänzend dazu siehe auch: Sabine Etzold „Morden gegen das Leiden" in: DIE ZEIT Nr. 8 vom 17.02.2005 www.zeit.de/2005/08/Pflegermorde

zugunsten der Autorität des Anführers vollständig auf. Es fühlt sich so an, als ob man ihm freiwillig und von ganzem Herzen folgte. Einige Anhänger glauben dann sogar, der Anführer sei die Liebe und die Wahrheit in Person. In vielen Diktaturen und fragwürdigen Organisationen folgen Menschen einem „geliebten Anführer" und scheuen sich nicht, in seinem Namen Verbrechen zu begehen, ohne dass sich ihr gesunder Menschenverstand einschaltet. Wie kann dies sein? Je mehr wir uns die Aussagen und Befehle einer charismatischen äußeren Autorität ungeprüft zu eigen machen und ihnen völligen Glauben schenken, desto mehr werden sie zu unserer eigenen inneren Stimme – bis die Illusion entsteht, dass sie die *eigene* ethische Autorität und innere Stimme seien. In diesem Moment haben die Worte des Anführers das Herz der Untergebenen erreicht. Sie glauben an ihn und halten es für eine Tugend, ihm gehorsam zu sein. Eine unabhängige Haltung des Mitgefühls und das selbständige, kritische Denken werden den Untergebenen damit unmöglich.

Diese tragische Dynamik hat eine erschreckend große Anzahl von Mittätern im Nationalsozialismus hervorgebracht, die später behaupteten, sie hätten nur Befehle ausgeführt. Doch zeigt sie sich auch überall dort auf der Welt, wo der Gehorsam einen Menschen zum blassen Gehilfen der rücksichtslosen Interessen anderer macht.

Nur wenige Menschen stehen so stark in ihrer eigenen ethischen Führung, dass sie einem autoritären Befehl ihren Anstand entgegenzusetzen vermögen. Schon ein von außen an uns herangetragener Druck, mit dem ein bestimmtes Verhalten erwartet wird, kann schwierig sein: Um ihn ernsthaft zu hinterfragen, bedarf es sehr viel Eigensinns. Mitgefühl und ethische Selbstführung brauchen also eine starke Verankerung in unserer inneren Freiheit. Sie gewährt es uns, das Vertrauen zu finden, an Erwartungen und autoritären Anweisungen zu zweifeln, die zu Leid, Ungerechtigkeit und Zerstörung der Natur führen. Sie gewährt es uns aber auch, neue Visionen einer harmonischeren Welt zu entwickeln und sie gemeinsam umzusetzen.

In diesem Kapitel haben wir uns mit drei wichtigen Themen vertrauter gemacht: mit dem Naturgesetz von *Wandel und Interdependenz*, der universalen Erfahrung von *Leiden* und schließlich der Haltung des *Mitgefühls*. Diese Begriffe erwähne ich in den nächsten Kapiteln noch häufig. Wenn Sie zwischendurch noch einmal nachlesen und reflektieren wollen, worum es dabei geht, blättern Sie einfach zurück in dieses Kapitel.

In den folgenden Kapiteln untersuchen wir die einzelnen *Fünf Handlungsempfehlungen (Silas)* genauer und folgen dabei der Leitfrage, welche Schlüsse und wertvollen Hinweise sich aus ihnen für eine ethisch integre Lebensweise und Selbstführung ziehen lassen. Die übliche Reihenfolge der fünf Handlungsempfehlungen habe ich für dieses Buch geändert, um daran den Gedanken der ethischen Selbstführung zu entwickeln.

3.
KLARHEIT
FINDEN

Sila: *„Ich gelobe, mich darin zu üben, keine Substanzen zu konsumieren, die den Geist verwirren und das Bewusstsein trüben."*

Übermäßiger Alkoholkonsum und andere Einflüsse auf den Geist vernebeln das Bewusstsein und die Orientierung. Langfristig können sie Schaden anrichten. Ein ethischer Lebensstil braucht einen klaren Geist mit feinfühliger Präsenz und Freude an der persönlichen Entwicklung. Daher geht es bei dieser Handlungsempfehlung um die bewusste Kultivierung der geistigen Grundlagen unserer ethischen Selbstführung.

Sind Sie schon mal bei einer Bergwanderung von dichtem Nebel überrascht worden? Nach kurzer Zeit ist die Sicht extrem verkürzt. Man wird eingehüllt von undurchsichtigem weißem Dampf, der die Orientierung nimmt. Ganz ähnlich ist der Effekt, wenn der Geist vernebelt ist. Das Bewusstsein wird getrübt, und die Orientierung gerät durcheinander. In diesem Zustand ist man nicht klar und auch nicht feinfühlig. Ethische Selbstführung und persönliche Entwicklung sind aber auf einen feinfühligen Orientierungssinn und klares Bewusstsein angewiesen. Ein komatöses Zechgelage zwischendurch wäre wie ein Puzzleteil, das in der falschen Sammlung gelandet ist: es passt einfach nicht. Daher ermutigt diese Handlungsempfehlung dazu, auf jeglichen Alkohol- und Drogenrausch zu verzichten. Klar ist: Für Menschen, die mit Alkohol und Rauschmitteln besondere Schwierigkeiten haben, bleibt es die beste Selbstfürsorge, komplett auf jeden Konsum dieser Suchtmittel zu verzichten. Die Empfehlung ist jedoch kein pauschales Prohibitionsgesetz. Vielmehr fordert sie dazu auf, gut auf sich und andere zu achten, indem man nur so viel trinkt, dass es noch möglich ist, achtsam und konzentriert zu bleiben. Und der Spielraum dafür ist leider schon nach dem Genuss von *sehr wenig* Alkohol erschöpft!

Auf lange Sicht kommt es gar nicht darauf an, welche Art von Alkohol oder anderen Substanzen man konsumiert. Wenn der Geist *regelmäßig* vernebelt und vergiftet wird, verändert er sich in nachteiliger Weise. Er wird immer stumpfer statt klarer. Man hängt einem Lebensstil nach, der persönliches Wachstum erschwert, statt es zu begünstigen. Statt dass Achtsamkeit und Konzentration ausgebildet werden, stellen sich gravierende Aufmerksamkeitsstörungen und Kurzzeitgedächtnisprobleme ein. Der Mensch wird schwerfällig, hat wenig Vitalität und Freude am Leben. Disharmonie breitet sich aus. Die Gesundheit leidet, und wichtige Beziehungen gehen in die Brüche. Doch man kommt aus dieser leidvollen Spirale nicht mehr so schnell heraus. Denn klammheimlich hat die Sucht die Führung übernommen.

Wenn Sie unsicher sind, ob das Maß an Alkohol, das Sie konsumieren, zu groß ist, dann stellen Sie sich die folgenden Fragen und beantworten Sie diese ehrlich oder gar nicht:

- Wie häufig und wie viel Alkohol trinke ich durchschnittlich in einer Woche?

- Wie verändert sich dabei mein Wesen? Bin ich einfach etwas gelöster und steige rechtzeitig auf andere Getränke um, weil ich merke, ab wann es mir nicht mehr guttut? Oder verpasse ich diesen Zeitpunkt und werde enthemmter, erregter, vertrauensseliger, beleidigend oder gewaltbereit?

- Was wäre in meinem Leben anders, wenn ich ein Jahr lang auf sämtlichen Alkohol verzichten müsste?

Bitte sprechen Sie mit einem Freund oder einer Freundin darüber, was Ihnen bei der Beantwortung dieser Fragen aufgefallen ist. Falls Ihnen Bedenken gekommen sind, sprechen Sie bitte das Thema auch bei Ihrem Hausarzt an.

Unser Geist reagiert nicht nur auf Drogen und Alkohol extrem sensibel, sondern auch auf jede andere Form von giftigen Einflüssen, die den Geist vernebeln und auf die Dauer unser Wesen verändern können. Der weitgehende Verzicht auf alles, was uns körperlich, emotional oder mental unnötig schadet, ist eine intelligente Entscheidung der ethischen Selbstführung. Man schützt seine eigene Integrität und ist weniger belastet. Verzichten kann man beispielsweise auf Situationen, mit denen man sich ständig überfordert oder unterfordert, und auf Situationen, in denen man sich nur langweilt. Ein Beispiel: Luisa stellt nach der Trennung von ihrem Mann fest, dass sie eigentlich mit seinen Freunden nie so richtig etwas anfangen konnte. Darauf hatte sie früher gar nicht geachtet, weil sie es für selbstverständlich hielt, ihren Mann bei Besuchen zu begleiten. Jetzt wird ihr klar, wie einsam sie sich in diesen Runden immer gefühlt und dass sie den Kontakt eigentlich nur seinetwegen gepflegt hat. Als sie dies erkennt, bricht sie die Verbindung mit seinen Freunden ab. Seitdem fühlt sie sich erleichtert und hat deutlich mehr Energie, das zu tun, was ihr wirklich Freude bringt.

Viele Menschen leiden unter den hohen Leistungsanforderungen, denen sie sich ausgesetzt sehen. Es hat sich ein weltweit verbreiteter Lebens- und Arbeitsstil entwickelt, der sich dem Leistungsideal gehorsam unterordnet, um nicht den Arbeitsplatz zu gefährden. Doch dabei geht das wichtige Gespür für Muße, Erholung und Privatheit verloren. Die Arbeitsanforderungen vereinnahmen viele Menschen bis zur Erschöpfung. Stress kann zum Gehirnabbau genauso beitragen wie Alkohol- oder Drogenmissbrauch. Ein Leben unter Dauerstress führt nachweislich zum Rückgang der Gehirnmasse. Der Neurowissenschaftler und Psychiater Manfred Spitzer spricht in diesem Zusammenhang sogar von „Verblödung".

Exzessiver Medienkonsum hinterlässt ebenfalls seine Spuren in unserem Geist. Er wird durch die überanstrengte Konzentration und körperliche Bewegungslosigkeit träge und erschöpft – oder unruhig und überdreht. Unser Gehirn kann nicht anders, als alles in sich mit *allem* zu beschäftigen, was wir ihm anbieten. Durch tage- und nächtelanges Computerspielen und planlosen Fernsehkonsum halten wir unseren Geist in einer künstlichen Unruhe und lösen eine Flut an Gedanken, Emotionen und körperlicher Anspannung aus. Der Geist ist damit beschäftigt, Probleme und Dramen zu lösen, die gar nicht seine eigenen sind. Dabei lernt er, dass die Welt angeblich auf eine bestimmte Weise tickt, nämlich so, wie das Drehbuch es vorgibt.

In regelrechter Ekel-, Angst-, und Gruseltrance scheinen sich die Zuschauer bei einem Krimi oder sonstigen Gewaltdarstellungen zu befinden. Haben Sie schon einmal beobachtet, wie sehr diese Szenen Ihren Geist für lange Zeit in Unruhe und künstliche Alarmbereitschaft versetzen? Seien Sie dankbar, wenn Sie Gewalt und Tötungsdelikte nur vom Bildschirm kennen. Ist es wirklich unterhaltsam, wenn einer den anderen umbringt und der dritte dann versucht herauszufinden, wie das passieren konnte? Wie würden Sie jemandem, der noch nie so einen Film gesehen hat, erklären, was Ihnen daran guttut?

Andererseits können hervorragende Filme, Dokumentationen und Computerspiele auch sehr bereichernd sein und den Geist nachhaltig in einer Weise stimulieren, die das Bewusstsein öffnet. Wie bei allem, was wir nutzen und konsumieren, kommt es auf das rechte Maß und die hohe Qualität an.

Wenn wir uns um ethische Selbstführung bemühen, brauchen wir geistige Frische und Klarheit. Diese können empfindlich gestört werden, wenn der Geist überbeansprucht und unnötig belastet wird. Deshalb ist es ein Aspekt der guten Selbstfürsorge, darauf zu achten, welche Sorte von Informationen wir als geistige Nahrung aufnehmen. Wird der Geist klarer und angeregt durch das Programm oder kommt er eher in einen Dämmer-Konsum-Zustand? Spätestens dann ist er *vernebelt*.

Bitte beobachten Sie eine Woche lang Ihren gesamten Medienkonsum: von der Zeitschrift im Wartezimmer bis zu jeder Nutzung des Computers, iPads oder Fernsehers. Gewöhnen Sie sich an, dabei genau zu spüren, in welcher Stimmung Sie vorher waren und wie sich während dieser Zeit Ihre Stimmung verändert. Was können Sie beobachten? Bitte machen Sie sich schriftliche Notizen.

Überlegen Sie dann, ob Sie diesem Thema mehr Aufmerksamkeit schenken wollen. Vielleicht ist es an der Zeit, sich ehrlich zu fragen: *Wofür opfere ich meine kostbare Lebenszeit?* Bitte sprechen Sie mit einem Freund oder einer Freundin über Ihre Beobachtungen und ob Sie etwas verändern möchten. Falls ja, was könnte der allererste kleine Schritt sein?

FORSCHERGEIST UND INFORMATIONSSTAUBSAUGER

Für einen ethisch integren Lebensstil ist ein frischer, agiler Geist von großem Vorteil. Denn er hat Freude am Lernen und Verstehen. Man öffnet seinen Geist für die direkte Erfahrung des Lebens und beobachtet, was passiert. Wenn man lernen will, sich aus geistig-emotionalem Leiden und Unzufriedenheit zu befreien, darf man nicht dem automatischen Impuls folgen, jede unangenehme Erfahrung so schnell wie möglich loszuwerden. Denn dann berauben wir uns möglicherweise der Gelegenheit, sie vorher gründlich zu verstehen. Inneres Wachstum hat vor allem mit Erkenntnis zu tun. Sie beginnt mit einer inneren 180-Grad-Wendung: man wendet sich – wie ein interessierter Forscher – dem zu, was uns immer wieder unglücklich und unzufrieden macht und leiden lässt. Wir untersuchen diese Zustände genau, um sie zu verstehen. In dieser erkundenden, fragenden Haltung geben wir gleichzeitig den Glauben auf, dass es so für immer so bleiben muss. Stattdessen durchforschen wir die innere Systematik unserer leidvollen Zustände, um die Gründe zu verstehen und sie loslassen zu können. Nichts anderes tut ein Arzt. Er untersucht gründlich die Symptome der Krankheit und wie sie zusammenhängen, um sie genau diagnostizieren zu können. Auf der differenzierten Diagnose baut die Kunst der Therapie und Heilung auf.

Ebenso ist es für einen ethisch integren Lebensstil wichtig, sich darüber bewusst zu werden, welches Denken und Verhalten heilsam ist, die Harmonie fördert und uns darin beflügelt, unser positives menschliches Potenzial zu entfalten. Auch in dieser Hinsicht ist der interessierte Forschergeist unvoreingenommen: Welche Qualitäten können wir in uns selbst entwickeln und fördern, damit wir nicht nur von Harmonie und Frieden reden, sondern wirklich friedlich sind? Wie ein Leben verlaufen kann, in dem persönliche Entwicklung *keine* Rolle spielt, erzählt die folgende Geschichte:

Ein Mann fand das Ei eines Adlers und legte es in das Nest einer Hinterhofhenne. Das Adlerjunge schlüpfte mit der Kükenbrut und wuchs mit ihr auf. Sein Leben lang tat der Adler, was die Hinterhofhühner auch taten, denn er dachte, er sei ein Hinterhofhuhn. Er scharrte auf der Erde nach Würmern und Insekten. Er gluckste und gackerte. Und schlug mit den Flügeln, um ein paar Meter in die Luft zu flattern.

Die Jahre vergingen, und der Adler wurde sehr alt. Eines Tages sah er weit über sich am wolkenlosen Himmel einen prachtvollen Vogel, der anmutig und majestätisch auf dem kräftigen Wind dahinsegelte, und dabei kaum die großen goldenen Schwingen bewegen musste. Der alte Adler sah in ehrfürchtigem Staunen auf.
„Wer ist das?", fragte er.

„Das ist der Adler, König der Vögel", sagte sein Nachbar.
„Er gehört dem Himmel. Wir gehören dem Boden – wir sind
Hühner. "
So lebte und starb der Adler als Huhn, denn es war das, wofür
er sich hielt.[8]

Ein *Forschergeist* ist ein Geist, der im Lernen und Erkennen große Inspiration findet. Er ist offen, zugewandt, agil, konzentriert und neugierig. Menschen sind von Natur aus wissbegierig und haben große Freude daran, Neues zu lernen und zu entdecken. Bei jeder neuen Erkenntnis oder hinzugewonnenen Kompetenz wird das Belohnungssystem im Gehirn aktiviert, was sehr angenehm ist und kurze Glücksgefühle auslöst. Manfred Spitzer betont, dass der Mensch geradezu optimiert sei für das Lernen. Er sieht in unseren Gehirnen „äußerst effektive Informationsstaubsauger", die alles Wesentliche, das um uns herum ist, gleich automatisch aufsaugen und weiterzuverarbeiten.[9]

Die Fähigkeit zu erkennen und zu verstehen, gehört zu den herausragenden menschlichen Begabungen. Insbesondere die Fähigkeit, differenziert zu denken und zu sprechen, zeichnet uns aus. Noch spezieller ist die Fähigkeit, über uns selbst und das Leben mit seinen Gesetzmäßigkeiten nachzudenken und es lernend zu erforschen. In jedem Moment, in dem ein einzelner Mensch dies tut, wird sich *das Leben seiner selbst bewusst.* Faszinierend, oder?

---

8 J. Kornfield und Chr. Feldmann: Das strahlende Herz der erwachten Liebe,
   S. 236
9 Vgl. Manfred Spitzer: Lernen – Gehirnforschung und die Schule des
   Lebens, S. 10

GEISTESSCHULUNG

Wir können unsere geistigen Fähigkeiten in bemerkenswerter Weise schulen. Die Möglichkeiten gehen weit über unsere konventionellen Bildungswege hinaus. Bildung vermittelt Wissen, Techniken zur Wissensaneignung und soziale Kompetenzen. Geistesschulung vermittelt, achtsam zu sein, sich tief zu konzentrieren, das Herz zu öffnen, geistig beweglich zu werden, loszulassen oder · zu kontemplieren – eigentlich eine ideale Ergänzung zur reinen Wissensvermittlung. Ebenso wie unsere musikalischen oder sportlichen Fähigkeiten entfalten sich auch die geistigen Fähigkeiten erst in vollem Umfang, wenn sie geübt werden. Keiner wird als Pianist oder Spitzensportler geboren. Und wahrscheinlich gibt es auch keinen, der ohne weitere Schulung vollkommen klar und präsent durchs Leben geht. Für die ethische Selbstführung ist die Geistesschulung unentbehrlich, da sich mit ihr auf die Dauer eine außergewöhnliche Feinfühligkeit entwickelt. Herz und Geist werden klarer, wohlwollender und gelassener.

Wie wird der Geist geschult? Man übt sich darin, achtsam und konzentriert zu sein. Achtsamkeit ist das Gegenteil von Unachtsamkeit. Durch Achtsamkeit sind wir geistig anwesend und präsent. Wenn wir dagegen unachtsam sind, sind wir wahrscheinlich gerade geistig wo anders. Wie ein zerstreuter Professor, der in seiner Küche steht und sich Kaffee in die Wärmflasche eingießt.

Der chinesische Zen-Meister Hui Hai wurde einmal gefragt,
ob er sich noch im Tao übe. Er antwortete:
„Aber selbstverständlich."
„Und wie geschieht das?"
„Wenn ich hungrig bin, esse ich; wenn ich müde bin, schlafe ich."
„Machen das nicht alle Menschen so?"
„Durchaus nicht."
„Wieso nicht?"

*„Wenn die meisten Menschen essen, dann sind sie in
Wirklichkeit kaum beim Essen, sondern sie denken an
alle möglichen Dinge. Wenn sie schlafen, dann ist es nicht
ein tiefer, traumloser Schlaf, sondern sie träumen von
tausendundeinem Ding. Darin liegt der Unterschied.“*[10]

Wer achtsam ist, ist mit Herz und Geist ganz in der Erfahrung des gegenwärtigen Moments. Achtsamkeit bewirkt, dass wir geistig präsent sind und uns unserer körperlichen, emotionalen und mentalen Erfahrungen bewusst sind: Was lässt sich genau im Körper spüren? Wie verändert es sich? Welche Emotionen sind wahrnehmbar? Gibt es zurzeit im Geist Gedanken oder nicht? Der Fokus liegt klar auf der Gegenwart. Es geht um die Aufmerksamkeit für die unmittelbare Erfahrung der Gegenwart. Achtsamkeit kann einen recht weiten Radius haben oder auch auf ein Objekt, wie beispielsweise den Atem, verdichtet werden. Die geistige Präsenz wird mit zunehmender Übung erhöht. Dadurch werden wir feinfühliger mit uns selbst und anderen. Die Sensibilität erlaubt es uns, genauer wahrzunehmen und mehr Bewusstsein für Details zu entfalten, ähnlich einer hochauflösenden Kamera.

Achtsamkeit wird immer zusammen mit der Haltung des Mitgefühls geübt. Dabei kultivieren wir eine grundsätzlich freundliche Beziehung zu uns selbst und anderen. Wird dieser wichtige Aspekt in der Achtsamkeitspraxis vergessen, mag man zwar einen präsenten Geist entwickeln, doch ihm fehlen Wärme und Nachsicht, er kann trotz aller Klarheit streng bewertend oder sogar rigide sein. Das ist nicht das Ziel und für die ethische Selbstführung auch nicht hilfreich. Wie sollten wir auf dieser geistigen Grundlage eine harmonische Beziehung zu uns selbst und der Welt kultivieren?

Konzentration ist ein weiteres machtvolles Instrument im Geist. Sie erlaubt es uns, über einen Zeitraum hinweg sehr ruhig und auf eine Sache ausgerichtet zu bleiben. Wenn man unkonzentriert ist, springt der Geist herum, von einer interessanten Sache

---

10 Nachzulesen u.a. in: Vimalo Kulbarz, Der Dharma für den Westen

zur anderen. Menschen mit Konzentrationsschwierigkeiten unterbrechen sich manchmal selbst mitten im Satz und fangen ein neues Thema an. Auch das Zuhören kann für sie schwierig sein. Konzentration ist wie ein tiefes Zuhören und Verschmelzen mit dem Objekt, auf das sich die Konzentration richtet. Idealerweise bleibt man dabei entspannt und ruht in sich ... Für Fragen der ethischen Selbstführung ist Konzentration wichtig, damit wir uns einer Sache wirklich zuwenden können und sie genauer verstehen. Konzentration öffnet den Raum, um die Beziehung mit uns selbst und anderen zu vertiefen. Bei der Kultivierung eines ethischen Lebensstils kommt uns das zugute: Denn eigentlich geht es um nichts anderes als die Heilung und Wertschätzung von Beziehungen.

ÜBUNG

Bitte versuchen Sie Folgendes: Setzen Sie sich aufrecht auf Ihren Stuhl. Die Schultern sind nach Möglichkeit entspannt. Lassen Sie den Bauch weich nach vorne fallen. Der Blick bleibt entspannt auf einem Punkt vor Ihnen ruhen oder Sie schließen die Augen.

Bringen Sie Ihre ganze Aufmerksamkeit zum Atem und spüren Sie die Atembewegung im Körper. Die Kunst ist, sich zu entspannen und sich gleichzeitig zu konzentrieren. Das geht. Ist es möglich, in dieser meditativen Übung den Geist frisch und interessiert werden zu lassen? Untersuchen Sie: Wie fühlt sich der Atem an? Ist er lang oder kurz, flach oder tief, schnell oder langsam, geräuschvoll oder leise? In welchem Moment genau beginnt die Einatmung, wann die Ausatmung? Welche Temperatur hat die Einatmung, welche hat die Ausatmung?

Bleiben Sie still in Ihrer konzentrierten Achtsamkeit und lauschen Sie mit einer interessierten, freundlichen Haltung der Erfahrung Ihres Atems. Vielleicht werden Sie merken, dass der Geist dabei sehr präsent wird und sich eine feine Entspannung und Freude ausbreiten. Wenn Sie möchten, bleiben Sie zehn Minuten bei dieser Übung.

Achtsamkeit, Konzentration und die Haltung des Mitgefühls können trainiert werden. Das bedeutet, wir können durch regelmäßige Übung etwas dafür tun, dass diese wertvollen Fähigkeiten des Geistes und des Herzens systematisch gestärkt werden. Für das regelmäßige Üben brauchen Sie keine Disziplin, sondern Interesse, Ausdauer und unerschütterliches Vertrauen, dass die Sache sinnvoll ist. Mit zunehmender Erfahrung wird der unentbehrliche Nutzen für die persönliche Entwicklung und die ethische Selbstführung deutlich.

Die Geistesschulung verfeinert unsere Wahrnehmung. Wir brauchen das achtsame Fingerspitzengefühl, denn die Achtsamkeit für Harmonie und Disharmonie in unserem Körper und in unserem Leben gibt uns wichtige Hinweise für unsere Orientierung. Ein Beispiel: Felix war mehr als engagiert in seinem neuen Job. Er hatte große Freude an der kreativen Arbeit, und die 50-bis-60-Stunden-Woche machte ihm nicht viel aus. Für seine Frau hatte er zwar nur noch wenig Zeit, aber alles schien in Ordnung. Sie unterstützte sein berufliches Engagement. Doch eines Tages fiel Felix auf, dass sie sich nicht mehr ganz so wie früher freute, wenn er abends nach Hause kam. Auch am Wochenende wurden die gemeinsamen Gespräche etwas seltener und etwas weniger vertraut als früher. Mit großer Sensibilität hat er diese Signale seiner Frau aufgenommen. Als er sie darauf behutsam ansprach, konnte sie ihm endlich sagen, wie sehr sie sich inzwischen durch sein berufliches Engagement vernachlässigt fühlte, aber nicht sicher gewesen war, wie sie es ihm mitteilen sollte. Diese stille Disharmonie war für Felix, einem sehr feinfühligen, aufmerksamen Mann, spürbar geworden, ohne dass er genau wusste, um was es sich handelte. Doch er hatte seiner Wahrnehmung vertraut und fühlte sich verantwortlich, die disharmonische Stimmung zu enträtseln und wieder in Einklang zu bringen.

Durch geeignete Meditationsübungen kann der Geist lernen, sehr ruhig, aufmerksam und konzentriert zu sein. Man nutzt diese Klarheit, um die subtilen Einzelheiten der eigenen Erfahrung genauer zu untersuchen und zu verstehen. Bitte suchen Sie sich dafür in jedem Fall eine erfahrene Meditationslehrerin oder einen erfahrenen Meditationslehrer, wenn Sie diese intensive Schulung von Herz und Geist fortsetzen möchten.

LERNEN UND PERSÖNLICHE ENTWICKLUNG

Ein ethischer Lebensstil braucht Freude an der persönlichen Entwicklung. Denn sie erlaubt es uns, beweglich zu bleiben und auf die unterschiedlichen Lebenssituationen kreativ zu reagieren. Sie erlaubt es uns auch, unsere gesamte Lebenszeit darauf zu verwenden, uns selbst und die unendliche Fülle des Lebens kennenzulernen und zu erforschen. Wir haben die Freiheit, uns immer wieder zu hinterfragen und die Beziehung mit uns selbst und anderen reifen zu lassen und uns weiterzuentwickeln. Persönliches Wachstum fördert die Harmonie miteinander.

Um zu lernen, brauchen wir ein Klima, in dem wir bereit sind, auch Fehler zu machen. Menschen müssen sich bis ins hohe Alter ausprobieren, experimentieren und scheitern dürfen. Der Anspruch auf fehlerfreie Leistung und Vollkommenheit dagegen fordert häufig einen hohen Preis: er geht auf Kosten von Kreativität, Klarheit und emotionaler Gesundheit. Perfektionismus hat etwas Totalitäres, das versucht, alles zu kontrollieren. Unser Selbstwertgefühl kann damit in ein gefährliches Abhängigkeitsverhältnis geraten, wenn es ständig durch fehlerfreie Leistungsergebnisse bestätigt werden soll. Die Angst zu scheitern lässt uns angespannt auf die Ziele und Ergebnisse unseres Handelns schauen. Dabei ist es unmöglich, sie vollständig zu kontrollieren. Dies ist übrigens auch ein wichtiges

Thema für viele Meditationsschüler: Sie strengen sich zu sehr an, um ihr Ziel zu erreichen, entspannt und konzentriert zu sein – und verkrampfen sich dadurch.

Kinder sind mit einem fast unstillbaren Interesse an Wachstum und Entwicklung ausgestattet. Jede neue Erkenntnis, die sie haben, und jede Fähigkeit, die sie lernen, löst ihre Begeisterung aus und spornt sie an, weiter zu forschen. Leider sind vielen von uns diese Begeisterung und die Freude am Lernen im Laufe der Jahre abhandengekommen. Nicht wenige Erwachsene hören in der rigiden Routine des Alltags auf, Fragen zu stellen. Sie funktionieren hauptsächlich. Die Welt erscheint mit einem Mal bekannt. Wir haben aufgehört, über die Wunder der Welt zu staunen und überall Möglichkeiten zu sehen.

Wir berauben uns unseres Forscherdrangs und unserer Kreativität, wenn wir zu angepasst funktionieren. Beide sind jedoch wichtige menschliche Eigenschaften, die wir brauchen um unser Leben selbst in die Hand zu nehmen und es authentisch zu gestalten. Wer auf dieses Privileg verzichtet, zahlt einen hohen Preis.

Stellen Sie sich vor, Sie kommen an das Ende Ihres Lebens und können sagen: Ich habe die Zeit genutzt und mein Leben wirklich gelebt. Ich habe wirklich geliebt. Und ich habe mit all der Integrität gelebt, die mir möglich war. Wie fühlt sich die Vorstellung an, dass dies eines Tages Ihre letzten Gedanken sind?

Die Rolle des Lehrers

Bitte überlegen Sie: Gibt es jemanden in Ihrem Leben, dem Sie von Herzen dankbar sind? Was haben Sie von ihm oder ihr gelernt? Wie war (oder ist) Ihre Beziehung miteinander – und was hat sich im Laufe der Jahre gewandelt?

Lehrerinnen und Lehrer übernehmen beim Lernen eine wichtige Rolle. Denn die meisten Menschen sind motivierter zu lernen, wenn es jemanden gibt, der ihnen sein Wissen und seine Erfahrung großzügig zu Verfügung stellt und sie ermutigt, (sich) selber auszuprobieren, zu verstehen und zu wachsen. Der Buddha hat seinen

Schülern über vierzig Jahre als Lehrer gedient. Sie hatten Respekt, aber keine Angst vor ihm und empfanden häufig Freude, wenn sie ihm zuhörten.

Lehrer dienen auch erwachsenen Schülern als Vorbild, Wissensvermittler und Inspiration. Vor allem aber sollte ihr Glaube an die Lernenden geradezu unerschütterlich sein. Ein guter Lehrer ist immer auch ein Mentor mit menschlicher Reife. Man fühlt sich in seiner Nähe seelisch genährt. Wenn wir uns akzeptiert und gefördert fühlen, fällt es leichter, Bekanntes zu hinterfragen und nach neuen Horizonten zu suchen.

Ein kompetenter Lehrer handelt mitfühlend und lebenserfahren, im Idealfall sogar weise. Das Vertrauen, das er seinen Schülern entgegenbringt, ist eine Ermunterung, ohne anzutreiben, er ist verbindlich, ohne besitzergreifend zu werden. Das Vertrauen des Mentors stärkt das Vertrauen der Schüler in ihre eigenen Fähigkeiten. Sein Mitgefühl stärkt ihr Mitgefühl.

Lernen und persönliche Entwicklung sind keine Aufgaben, die man allein bewältigen muss. Wir können uns kluge und wohlwollende Unterstützung suchen. Manche Menschen sind sehr erleichtert, wenn ihnen klar wird, dass sie sich helfen lassen können und dass Lernen Freude machen kann. Prinz Siddhartha ist übrigens in seinen sechs Jahren der Wanderschaft bei vielen verschiedenen Meistern und Lehrern gewesen. Überall hat er sich mit großer Hingabe den Übungen und Anleitungen unterworfen. Doch immer, wenn er den Punkt erreichte, an dem er seinem Lehrer ebenbürtig wurde, hat er sich dankend verabschiedet und ist weitergezogen. Es ist hilfreich, eine innere Haltung zu entwickeln, die dem Interesse am Lernen und der eigenen Entwicklung einen höheren Stellenwert gibt als dem einzelnen Lehrer. Jeder Lehrer ist ersetzbar. Die Freude am Lernen ist es nicht.

4.
VERTRAUEN UND FREUNDSCHAFT

Sila: *„Ich gelobe, mich darin zu üben, keine ausschweifenden sinnlichen Handlungen auszuüben. Insbesondere verpflichte ich mich, sexuelles Fehlverhalten zu vermeiden."*

Maßlosigkeit in den sinnlichen Freuden entwertet den köstlichen Genuss. Und sexuelle Lust ohne ethische Sensibilität kann in komplizierten Verstrickungen mit seelischen Wunden enden. Welche Rolle spielen dagegen Vertrauen und tiefe Freundschaft für Beziehungen?

Diese Handlungsempfehlung ist eine Erinnerung, auf unsere Sinne zu achten, damit wir uns nicht in blindem Verlangen verlieren. Es ist ein trügerischer Irrtum zu glauben, es könne uns glücklich machen, wenn wir jeder Versuchung nachgeben. Sinnliche Befriedigung hängt nicht von der Menge der Erfahrungen ab, sondern von ihrer Qualität. Ein köstliches Essen in der rechten Menge steigert die Lebensqualität. Doch zu viel des Guten bewirkt, dass es an Wert verliert: Aus der Esslust wird eine unästhetische Fresserei. Sinnliche Sexualität als natürlicher Ausdruck inniger Zuneigung degeneriert zu einer routinierten Leistungsschau. Ebenso wäre es jedoch auch ein Irrtum zu glauben, dass strenger Verzicht auf alle Sinnenfreuden die Lösung ist. Der Mangel lässt uns unzufrieden und schmal werden. Eine gewisse Mäßigung und spielerische Leichtigkeit im Umgang mit den sinnlichen Freuden unterstreicht dagegen jeden köstlichen Genuss.

Das Verlangen nach körperlicher Liebe und Vereinigung gehört zu den machtvollsten natürlichen Energien im Prozess des Lebens. Besonders die Anfangszeit hat es in sich: Sind zwei Menschen ineinander verliebt, kann sie kaum etwas aufhalten. In dieser Zeit der intensiven Sinnlichkeit und fast unersättlichen Lust aneinander sind wir wie im Rausch. *Liebestoll* hat man früher gesagt, und *vernarrt*. Kein Wunder, denn unsere Gehirne sind tatsächlich so konstruiert, dass erotische Liebe eine Flut körpereigener Opiate freisetzt, die bewirken, dass man eine gewisse Zeit regelrecht *high* ist. Daran ist nichts verkehrt. Es ist von der Natur so vorgesehen! Schwierig kann es allerdings werden, wenn es keine Beziehung auf Augenhöhe ist. Ethische Sensibilität sollte uns deutlich warnen, falls wir im Begriff sind, uns in einen Patienten, Schüler, Mitarbeiter oder jemand anders zu verlieben, zu dem ein besonderes Band der Verantwortung besteht. Diese besonderen, ungleichen Beziehungen dienen einem speziellen Zweck und sind daher in besonderer Weise schutzbedürftig. Ein intimer Kontakt innerhalb dieser Beziehung ist ein Übergriff, der auch Jahre später noch Leid auslösen kann. Der verantwortungsvollen Selbstführung unterläuft ein schwerer Fehler, wenn sie nur auf das sehnsüchtige Begehren hört und den klaren Verstand vernachlässigt.

Der verantwortungsvolle Umgang mit Sexualität ist keine Frage der Spießigkeit oder der Lustfeindlichkeit, sondern eine Frage der Empathie und der menschlichen Reife. Schon zu Lebzeiten des Buddhas hat das Thema für viel Leid und seelische Verletzungen gesorgt. Daher hat es ausdrücklich seinen Platz in den fünf Empfehlungen des rechten Handelns erhalten. Bewusstsein für sexuelle Integrität und Gewaltfreiheit ist Bestandteil jeder Lehrrede zu den Fünf Handlungsempfehlungen.[11]

Die Empfehlung, keine ausschweifenden sinnlichen Handlungen auszuüben und sexuelles Fehlverhalten zu vermeiden, erinnert uns auch daran, unsere eigenen Bedürfnisse ernst zu nehmen und die Sehnsucht nach einer lebendigen Liebesbeziehung in die Realität umzusetzen. Hier können Sinnlichkeit und vertrauensvolle Sexualität ausgelebt werden, ohne dem anderen Schaden zuzufügen.

Alle persönlichen Beziehungen mit innigem, erfüllendem Kontakt zueinander brauchen eine positive Kultur des Vertrauens und der Freundschaft. Erst recht ist sie für eine Partnerschaft unerlässlich.

---

11 Siehe dazu im Palikanon (www.palikanon.com): Anguttara Nikaya (Sammlung der Angliederungen) 10:176. In dieser Lehrrede erklärt der Buddha dem Schmied Cunda unter anderem, dass ein ethischer Lebenswandel es ausschließe, sich an jungen Mädchen zu vergehen.

Vertrauen, Zuversicht, Hingabe

Vertrauen ist eine kostbare innere Stärke. Es ist die gefühlte Sicherheit, von einer starken Basis getragen zu werden, selbst wenn die gewaltigen Stürme des Lebens toben. Im der alten indischen Sprache Pali existiert ein wunderbares Wort für *Vertrauen*. Wenn man es ausspricht, lässt schon sein Klang die Bedeutung erahnen: *saddha* (sprich *„ssaddhaa"*). Das Wort wird üblicherweise mit *Vertrauen* übersetzt, bedeutet aber auch so viel wie *Zuversicht* und *Hingabe*. Vertrauen gehört zu den kostbarsten inneren Qualitäten, die wir entwickeln können. Wir brauchen es, um uns bewusst für das Unbekannte zu öffnen, das in jeder neuen Erfahrung liegt. Es ermöglicht uns, präsent und entspannt zu sein. Vertrauen wirkt auf verschiedenen Ebenen und hat eine machtvolle subtile Kraft.

In der buddhistischen Praxis wird sehr viel Wert darauf gelegt, dass wir Vertrauen als heilsame innere Stärke entfalten.

Vertrauen in den Buddha bedeutet, an seine eigenen vielleicht noch unentdeckten Möglichkeiten zu glauben und an sein ganzes positives menschliches Potenzial. Damit ist die innere Gewissheit verbunden, dass es uns möglich ist, ein erwachtes und glückliches Leben zu führen. Nach meinem Verständnis ist damit also nicht ein Vertrauen in den historischen Buddha gemeint (was sollte das auch sein?), sondern in die archetypische Figur des Buddhas als Verkörperung der höchsten menschlichen Möglichkeiten.

Vertrauen in den Dharma bedeutet, sich in den kostbaren Weisheitslehren (Dharma) wieder zu finden. Doch blinder Glaube oder Wunschdenken sind hier nicht angebracht. Vielmehr gilt der erfrischende Grundsatz, der mit dem Wort *ehipassiko* bezeichnet wird: „Komm und sieh selbst." Er bedeutet, dass alles, was gelehrt wird, auch für den Schüler in seiner eigenen Erfahrung nachvollziehbar sein muss, bevor es als stimmig anerkannt werden kann. Das anfängliche Vertrauen muss durch die eigene Erfahrung bestätigt werden. Es besteht ein großer Unterschied zwischen „Komm und sieh selbst!" und „Komm und glaub es auch!" Der Dharma gründet sich nicht auf Glaubensansichten und will diese auch nicht vermitteln. Die Dharmalehren beschreiben vielmehr die grundlegende Architektur des Lebens. Es sind die Zusammenhänge, die uns im Alltag normalerweise verborgen bleiben, da wir nicht darauf achten oder unsere Erfahrungen nicht richtig einordnen können. Die Weisheitslehren des Dharma helfen uns zu verstehen, warum wir so häufig unglücklich oder unzufrieden sind und wie wir uns daraus befreien können. Vertrauen entfaltet sich im Ausgleich mit Erkenntnis. Beide inspirieren und ergänzen sich gegenseitig: Vertrauen braucht das tiefere Verständnis der Zusammenhänge, um nicht naiv zu bleiben. Und die Erkenntnis braucht das tiefere Vertrauen, um nicht abstrakt und distanziert zu bleiben. Es wirkt sich spürbar auf die persönliche Integrität aus, wenn sich die Erkenntnis durch das Vertrauen auch auf einer emotionalen Ebene im Lebensgefühl verankert hat

Der dritte Aspekt ist das *Vertrauen in den Sangha*, also in tragfähige Beziehungen mit anderen Menschen, die ebenfalls auf ihre menschlichen Entfaltungsmöglichkeiten vertrauen und sich Orientierung in den Weisheitslehren und durch eigene Reflexion suchen. Sie unterstützen sich gegenseitig, ein waches und erfülltes Leben zu führen. Es kann ein einzelner Freund sein, mit dem man sich besonders verbunden fühlt oder auch eine Gemeinschaft. Der buddhistische Sangha hat für mich etwas von einer Gemeinschaft von Forschern, weil man seine Erkenntnisse miteinander austauschen und diskutieren kann und gemeinsam lernt. Hier ist also der Erkenntnisaspekt wesentlich. Andererseits unterstützen sich Sangha-Freunde auch gegenseitig auf dem Weg, helfen und ermutigen einander. Hier ist der Aspekt von Zugehörigkeit und gegenseitiger Fürsorge entscheidend. Beide Aspekte gehören zusammen und machen in ihrer Ausgewogenheit das Herz eines Sangha aus.

Vor vielen Jahren lebte ich in einem buddhistischen Zentrum in Südafrika. Dort gehörte sogar unser großer, schwarz-weiß getigerter Kater Basil zum Sangha. Wenn in der Meditationshalle ein Dharmavortrag gegeben wurde, kam er regelmäßig mit Verspätung und viel Radau durch das halb geöffnete Fenster, setzte sich vorne in die erste Reihe auf eine Meditationsmatte und hörte mit geschlossenen Augen reglos zu. Fast glaube ich, Basil stand dabei wiederholt kurz vor der Erleuchtung. Er war definitiv ein schillerndes und inspirierendes Mitglied des Sangha!

VERTRAUEN IN SICH SELBST UND ZU ANDEREN

Das Vertrauen in uns selbst erlaubt es uns erst, bestimmte Rollen in Bezug auf andere Menschen anzunehmen und *jemand* zu sein: Chefin. Partnerin. Freundin. Genauso viel Selbstvertrauen bedarf es, um eine Rolle wieder loszulassen. Für manche Menschen ist es mit großer Angst verbunden, ihre Rollen abzustreifen und einfach nur zu sein. Wir brauchen viel Vertrauen, um dem anderen ohne schützende Rollenidentität ehrlich zu begegnen und auch Verletzlichkeit zu zeigen.

Dann lassen wir uns aufeinander ein, fassen Zutrauen und öffnen uns schließlich vertrauensvoll. Wir schenken uns gegenseitig Glauben. Wir sind uns selbst oder dem anderen treu und vertrauen darauf, dass es gegenseitige Treue ist.

Warum ist es nicht immer leicht einem anderen Menschen zu vertrauen? Dafür gibt es unterschiedliche Gründe. Oft ist das voreilige Vertrauen gegenüber einem anderen Menschen auch durchaus nicht angebracht. Die Sufis haben dafür ein beherztes Sprichwort: „Vertraue auf Gott – und binde dein Kamel an." Es ist erstaunlich, wie vertrauensselig wir gegenüber anderen Menschen sein können. Davon erzählt auch eine Geschichte, die ich vor vielen Jahren erlebte.

Damals reiste ich zusammen mit zwei Freunden in den
Semesterferien durch die Volksrepublik China. Wir hatten
zuvor viel gejobbt und lange gespart, um uns dieses Abenteuer
zu ermöglichen. Als wir mit unseren Rucksäcken im Süden
des riesigen Landes ankamen und Tickets für die Zugfahrt
zurück nach Beijing kaufen wollten, bot sich ein freundlicher
Chinese an, uns die Fahrkarten zu besorgen. Wir vertrauten
ihm das geforderte Geld für die Schlafwagentickets an – und
weg war er. Sofort merkten wir, dass es ein Fehler gewesen
war, aber es war zu spät. Zu unserer Verwunderung tauchte
der chinesische „Freund" nach ein paar Tagen wieder auf und
schob uns die Tickets zu. War er doch kein Gauner gewesen?
Erst am nächsten Abend, als wir mit unzähligen weiteren
chinesischen Fahrgästen auf den Bahnsteig drängten, um
den Zug zu besteigen, wurde uns der eigentliche Betrug klar:
Unsere Plätze waren keineswegs im bequemen Schlafwagen,
für den wir teuer bezahlt hatten, sondern im unvorstellbar
dichten Gewimmel der einfachen „Holzklasse". Ein Wechsel
war nicht mehr möglich. Wie einfältig wir gewesen waren!
Mit durchgesessenen Hinterteilen erreichten wir damals
nach 38 schlaflosen Stunden im ratternden, stickigen Zug die
Hauptstadt Beijing.

Vertrauen reift durch gemeinsame Erfahrungen. Spontan mögen wir den Eindruck haben, einem anderen Menschen vertrauen zu können. Dieser Vertrauensvorschuss muss jedoch im Laufe der Zeit immer wieder durch konkrete, gemeinsame Erfahrungen bestätigt werden, um zu reifen und sich zu vertiefen. Mit dem Vertrauen wächst die Freundschaft, und mit der Freundschaft wächst das Vertrauen. Es kann erblühen wie eine kostbare persische Tulpe, aber auch welken, erkranken oder vergiftet werden. Vertrauen muss ohne Hintergedanken gepflegt und genährt werden. Solange es eine zarte Pflanze ist, bleibt es empfindlich und nicht belastbar. Wenn wir einem anderen vertrauen, dann lassen wir ihn nahe an uns heran kommen und riskieren es, uns mehr als gewöhnlich zu zeigen. Im Vertrauen liegt die gefühlte Bewegung des Sich-Zuwendens und Sich-Öffnens. Wir vertrauen uns an. Es ist die tragende Qualität, auf der eine loyale Beziehung basiert. Daher ist es vielleicht auch nicht überraschend, dass die Wörter Vertrauen und Treue sogar die gleiche Wortwurzel *treu* (= stark oder fest) haben.[12]

KONTROLLE

Vertrauen ist die Gegenkraft zu Zweifel, Angst, Sorge und dem übermäßigen Bedürfnis zu kontrollieren. Kontrolle schränkt den anderen in seiner Freiheit ein und untergräbt jegliches Vertrauen. Einige Menschen mussten die sehr unangenehme Erfahrung machen, von ihren Eltern, Lehrern, Vorgesetzten oder sogar von ihrem Partner stark kontrolliert zu werden. Paula ist eine von ihnen. Sie lebt in einer Beziehung, die einen sehr verliebten und leidenschaftlichen Anfang nahm. Doch schon nach wenigen Wochen begann ihr Freund, sie eifersüchtig zu kontrollieren. Über jeden ihrer Schritte wollte er informiert sein. Es fiel ihm unendlich schwer, seiner Freundin Vertrauen zu schenken. Natürlich empfand die junge Frau dies als sehr einengend. Bald geriet ihre Beziehung ernsthaft in Gefahr.

Da ihr Freund den Ernst der Situation erkannte, suchte er sich Hilfe bei einem erfahrenen Therapeuten. Er wollte sich besser verstehen und seine Beziehung retten. Auch wenn diese Zeit sehr schwierig war, haben Paula und er zusammengehalten. Inzwischen ist es für ihn weniger beängstigend, dass er nicht über jeden ihrer Schritte Bescheid weiß. Er hat erkannt, dass es auch in einer vertrauten Beziehung noch Raum für individuelles Privatsein geben

12 Vgl. Etymologie: www.dwss.de und: Wortgeschichten - Etymologisches Essay von Lisa Rademachers auf
http:///homepages.uni-tuebingen.de/henrike.laehnemann/etymologie.html

muss Es ist durchaus üblich, dass ein Partner nicht alles über sich mitteilen möchte. Nicht einmal dem Menschen, dem er am meisten vertraut und den er über alles liebt. Vertrauen liegt nicht nur darin, dass ich dem anderen erlaube, mir sehr nahe zu sein und wir einander an unserem Leben teilhaben lassen. Vertrauen kann sich auch darin ausdrücken, dass ich dem anderen seine Freiheit und seine Geheimnisse lasse.

NÄHE RISKIEREN

Wer sein Herz öffnet und vertraut, geht immer das Risiko ein, enttäuscht zu werden. Andererseits ist ein Leben ohne Vertrauen eine einsame Angelegenheit. Ein kleiner Junge erzählte mir einmal, dass er eigentlich nicht wisse, ob er sich eine Katze wünschen solle. Denn die lebten ja nicht so lange wie Menschen. Und wenn sie dann stürbe, wäre er ganz traurig und wieder allein. Seine Nachdenklichkeit hat mich sehr berührt. In der kurzen Bemerkung drückt er ein Dilemma aus, das auch uns Erwachsenen nicht fremd ist: Wir schwanken zwischen der Sehnsucht nach Nähe, Vertrauen und Verbundenheit und der Angst, sie wieder zu verlieren.

Gibt es irgendwo Sicherheit? Worauf kann man sich eigentlich verlassen in dem unermesslichen Prozess des Lebens, der bestimmt wird durch millionenfaches Geborenwerden und Sterben an jedem Tag?

Für Nähe und Vertrauen entscheidet man sich, sie passieren nicht von allein. Man entscheidet sich trotz des Risikos, den anderen irgendwann wieder zu verlieren. Wenn ich eine Katze aufnehme, kümmere ich mich um sie, versorge sie mit Futter und Medizin, gebe ihr einen Namen, streichle das Tier und erlaube ihm, mir ganz nahe zu kommen. Tiere können unser Herz tief berühren. Eine Katze bringt man nicht nach Hause, um sie dann auf Distanz zu halten – in der Hoffnung, dass sie einem dann nicht allzu sehr ans Herz wächst.

Wenn ein geliebter Mensch oder eine geliebte Katze stirbt, kann es unendlich schwer sein, Abschied zu nehmen. Es kann aber auch sanft und zärtlich sein, erlösend, erfüllt mit Dankbarkeit für das tiefe Vertrauen und die Verbundenheit, in der man die gemeinsame Zeit verbracht hat. Dankbarkeit lindert den Schmerz, loslassen zu müssen. Sie besänftigt das Herz, wenn unsere geheime Hoffnung, etwas für immer haben zu dürfen, entzaubert wird.

VERTRAUENSBRUCH

Wir sind nicht unverwundbar. Vertrauen kann verletzt werden – durch illoyales Verhalten oder Verrat. Dadurch verwandelt es sich in Misstrauen und Verunsicherung. Die Erfahrung, verraten zu werden, ist ein spürbarer Einschnitt. Einigen Menschen ist es danach für längere Zeit unmöglich, sich wieder für einen anderen Menschen zu öffnen und ihm zu vertrauen. Um uns von davon zu erholen, brauchen wir viel Wohlwollen und Mitgefühl mit uns selbst und manchmal auch Hilfe von Dritten.

Was ist ein Vertrauensbruch? Er kann schon in einer scheinbar versehentlichen Taktlosigkeit oder Indiskretion liegen. Sie können feine Risse in einer vertrauensvollen Beziehung hinterlassen. Größerer Schaden entsteht, wenn man das Vertrauen des anderen absichtlich verletzt oder sogar für seine eigenen Interessen rücksichtslos ausnutzt. Dies löst auf beiden Seiten viele Emotionen aus: Der Hintergangene fühlt sich womöglich fassungslos, ohnmächtig, wütend, traurig oder einsam. Er zieht sich zurück und geht erst einmal auf Abstand, um zu verstehen, was passiert ist. Die andere Person wird oft von Unruhe, Angst, schlechtem Gewissen und Schuldgefühlen eingeholt.

Vertrauensbrüche und Verrat können eine harmonische Lebensführung stark aus dem Gleichgewicht bringen. Auf private und berufliche Beziehungen können sie eine zerstörerische Wirkung haben – wenn die Ursachen zwischen den Beteiligten nicht geklärt werden. Viele Freundschaften und Partnerschaften zerbrechen an der Kränkung, die durch den Vertrauensbruch oder Betrug ausgelöst wird. Paartherapeuten berichten jedoch, dass gerade in einer derartigen Krise auch eine Chance für Erneuerung und Wachstum liegen kann. Wenn es den Partnern gelingt, sich den Themen zuzuwenden, die sich hinter dem Vertrauensbruch oder der Untreue verbergen, können die Partner zu einer neuen Tiefe und Verbundenheit miteinander kommen.

Es tut allen unseren Beziehungen gut, wenn wir uns unserer Verletzlichkeit bewusst bleiben. Sie ist tief menschlich und kostbar. Für einen harmonischen Kontakt miteinander brauchen wir daher Achtsamkeit und Feinfühligkeit. Doch auch der ehrliche und integre Umgang mit unseren eigenen und gemeinsamen Bedürfnissen ist bedeutsam. Wenn wir zu viele stille Kompromisse schließen, kann es geschehen, dass sich im Laufe der Zeit viel Frustration ansammelt, die sich in einem ethisch fragwürdigen Vertrauensbruch schmerzhaft entlädt.

Befreiender Verrat

Ist jeder Vertrauensbruch und Verrat verwerflich? Die Rolle des Verräters ist durchaus sehr vielschichtig und erfordert es, auch aus einer anderen Perspektive auf die Situation zu schauen. Beziehungen können sich schleichend in eine unheilsame Richtung entwickeln. Sogar das ganze Beziehungsgeflecht (das System) einer Organisation, eines Unternehmens oder einer Familie kann in eine lähmende Schieflage rutschen. Deutliche Kennzeichen dafür sind übertriebene Macht- und Kontrollansprüche auf der einen Seite und Ohnmachtsgefühle, Wut und Angst auf der anderen Seite. Wer selbstgerecht führt, provoziert geradezu den Befreiungsschlag der anderen – und *empfindet* ihn gleichzeitig als *Verrat*.

Aus der Erfahrung der europäischen Geschichte wissen wir, dass die spezielle Rolle des *Ketzers* nur in einer Zeit auftauchen konnte, als die kirchliche Macht und Dominanz mit eiserner Hand verteidigt wurde und nicht angezweifelt werden durfte. Wer die

Dogmen trotzdem in Zweifel zog, setzte sich schnell dem Vorwurf aus, die heilige Kirche und damit Gott verraten zu haben. Doch Ketzer kann es nur geben, wenn es ein *heiliges*, *richtiges*, *gutes* Lager gibt, das im Glauben an sich selbst erstarrt ist. Das ist auch heute noch so.

Notwendiger Verrat

Ein Verrat kann eine unharmonische Familie aus ihrer Geheimniskrämerei und unterdrückenden Dynamik herausholen: Elisabeth wurde jahrelang als Kind von ihrem Vater sexuell missbraucht. Die Mutter schaute weg und wollte die Situation nicht wahrhaben. Im Alter von 15 Jahren zeigte Elisabeth ihren Vater bei der Polizei an. Er kam für vier Jahre ins Gefängnis. Auch 25 Jahre später hat Elisabeth keinen Kontakt mehr zu ihren Eltern. Ihre Anzeige war ein *notwendiger Verrat*, der in Wahrheit keiner ist. Der eigentliche Verrat hat viel früher stattgefunden: in dem Verhalten der Eltern gegenüber ihrer Tochter.

Auch für Paul war der Schritt in einen *notwendigen Verrat* wichtig, um sein Leben wieder selbst bestimmen zu können. Er hatte sich zu einer gut organisierten Gemeinschaft hingezogen gefühlt. Die dort verkündete Heilslehre und die damit verbundenen Versprechungen für seinen persönlichen Lebenserfolg schienen ihm sinnvoll. Nachdem er in die Gemeinschaft aufgenommen worden war, investierte er immer mehr Zeit, Geld und Energie in die dort angebotenen Kurse und Aktionen. Den Kontakt zu seiner Familie und früheren Freunden vernachlässigte er zunehmend. Viel zu spät bemerkte Paul, dass er seine Seele an eine dubiose, einflussreiche Organisation verkauft hatte, an der sich eine Handvoll Menschen im Hintergrund bereicherten. Nur mit professioneller Hilfe konnte er sich aus der falschen Loyalität wieder befreien. Das Gefühl, ein Verräter zu sein, lastete lange auf ihm. Heute zählt für ihn in Beziehungen vor allem eines, nämlich dass er sich selbst treu bleiben kann.

FREUNDSCHAFT

Freundschaft beginnt bei uns selbst. Ein Freund ist ein vertrauter Mensch, der mir sympathisch ist und mit dem ich mich innerlich verbunden fühle. Ein freundschaftliches Verhältnis zu sich selbst zu kultivieren bedeutet, sich der eigenen Person zuzuwenden, das Bewusstsein zu öffnen und ganz vertraut zu werden mit den Empfindungen des Körpers, den Gedanken und Gefühlen, den Ängsten und Abneigungen und den Sehnsüchten und Bedürfnissen, die uns umtreiben. Man lauscht sich selbst aus der Perspektive eines guten Freundes.

Durch die innere Verbundenheit entspannen wir uns und sind uns selbst ganz nah und vertraut. Freundschaft mit sich selbst zu schließen bedeutet, dass man aufhört sich zu wünschen, man wäre jemand anderes.

Aus der freundschaftlichen Perspektive können wir das meiste, was wir von uns sehen und spüren, gut so stehen lassen wie es ist – auch wenn es nicht vollkommen ist. Vielleicht ist es auch gerade deswegen sympathisch. Sogar mit unseren Schwächen können wir uns anfreunden. So eröffnet sich ein innerer Raum für persönliche Weiterentwicklung, ohne dass wir uns dabei unter Druck setzen.

Bravo, du Doofmann

Wenn wir uns selbst *kein* Freund sind, sieht die innere Atmosphäre ganz anders aus. Man lauscht den eigenen Empfindungen, Gefühlen und Gedanken nicht mit Wertschätzung, sondern vielleicht mit offener Ablehnung und einer unfreundlichen, kritisierenden Haltung. Mit groben Worten schimpft man sich für seine Fehler und Schwächen aus *(„Bravo, du Doofmann, das wird mal wieder nichts!")* und setzt sich unter Druck, damit man sich in Zukunft nicht mehr ganz so dusselig mit seinem Leben anstellt. Wer sich innerlich ein schlechter Freund ist, der sorgt nicht gut für sich. Die ethische Selbstführung ist nur ganz schwach, sodass man beginnt, sich für

Dinge zu interessieren, vor denen jeder gute Freund uns warnen würde, weil sie den Beginn einer Abwärtsspirale markieren können: Glücksspiel, zu viel Alkohol, Drogen, gesundheitsgefährdende Sexspiele oder sonstige Formen der Abstumpfung.

Ebenso besteht die Gefahr unterzugehen, wenn ein vermeintlicher Freund, der bereits in diesem Strudel der Selbstvernachlässigung steckt, uns einladend die Hand entgegenstreckt: Man kann mit in die Tiefe gezogen werden. Wenn wir dem Freund helfen wollen, sich aus dem Sog seiner persönlichen Schwierigkeiten zu befreien, brauchen wir eine klare ethische Verankerung und eine sehr gute Selbstfürsorge, damit wir nicht versehentlich von ihm mit hineingerissen werden.

Falsche Freunde sind maskierte Feinde

Nicht bei jedem freundschaftlichen Verhältnis ist man sich immer ganz sicher, ob es wirklich eine heilsame, fürsorgliche Freundschaft ist oder etwas anderes. Zweifel können sich breitmachen. Doch was ist los? In der Tat gibt es *Freundschaften, die maskierte Feindschaften* sind. Freundschaft wird imitiert. Man erkennt den unechten Freund nur mit Feingefühl. Denn er verbreitet Disharmonie. Dabei hat er nicht einfach nur einen schlechten Tag oder eine schwierige Zeit, wie es bei jedem vorkommen kann. Sondern jedes Zusammensein mit ihm ist auf irgendeine Weise unharmonisch und hinterlässt einen unangenehmen Nachgeschmack. Es fehlt an Wohlwollen und echtem Interesse für unsere Person. Weil falsche Freunde häufig so auf sich selbst fixiert sind, sind sie leichtsinnige Ratgeber. Sie können sehr fordernd sein mit ihren Vorschlägen und Ideen, die aber impulsiv und wenig durchdacht sind. Manchmal muss man regelrecht besonnen bleiben, um nicht in Konflikte mit Dritten getrieben zu werden.

Wie kann man einen unechten Freund erkennen? Vertrauen Sie Ihrer eigenen Wahrnehmung. Beobachten Sie mit einem ehrlichen, selbstfürsorglichen Blick, wie es Ihnen während des Beisammenseins wirklich geht, und ziehen Sie die Konsequenzen. Simone zum Beispiel hat einen guten Job und fühlt sich wohl bei ihrem Arbeitgeber. Aber heute hat sie schlechte Laune, weil sie sich über ihren Abteilungsleiter geärgert hat. Nach der Arbeit trifft sie sich mit Claudia und erzählt, dass sie genervt ist. Claudia nimmt Simones Bericht zum Anlass, wieder mal so richtig vom Leder zu ziehen. Sie erzählt der angespannten Freundin nun eine Geschichte nach der anderen über das *behämmerte* Verhalten einiger Vorgesetzter. Zwischendurch biete sie ungefragt Ratschläge an, was man tun könne, um sich gegen einen *bekloppten* Chef zur Wehr zu setzen. Simone beginnt, sich dabei unwohl zu fühlen. Sie zieht die Notbremse und sagt zu Claudia, dass sie eigentlich nur mal Luft ablassen wollte, weil sie sich bei der Arbeit geärgert hatte. Aber ansonsten seien ihr Job und ihr Chef in Ordnung. Claudia schaut sie verständnislos an. Sie kann sich nicht vorstellen, dass Simone von ihr einfach nur ein wenig Verständnis und Zuspruch gebraucht hätte. Simone entscheidet, lieber nach Hause zu fahren, sich in die warme Badewanne zu legen und dann früh ins Bett zu gehen, um den verkorksten Tag hinter sich lassen, anstatt sich Claudias Tiraden weiter anzuhören.

Ein unechter Freund ist meistens nicht sehr empathisch. Er kann zwar stundenlang über alles Mögliche schwadronieren und Ratschläge erteilen, aber bittet man ihn um Hilfe und Zuspruch bei einem konkreten Problem, weiß er nicht, was er sagen soll und versteht häufig nicht einmal das Anliegen des Freundes. Unter der vermeintlichen Freundschaft verbirgt sich eigentlich nur Selbstinteresse.

Treue Freunde

Wir brauchen echte, treue Freundschaften. Es sind die engsten Beziehungen in unserem Leben, egal ob wir mit dem Freund verwandt sind oder nicht. Der Geist der Freundschaft ist geprägt von Zuneigung, Großzügigkeit, gegenseitiger Fürsorge und Inspiration. Vor allem aber sind Vertrauen und Treue (Loyalität) die tragenden Qualitäten echter Freundschaft. Ohne sie ist Freundschaft nicht möglich.

Im Märchen verkörpern die leiblichen Geschwister häufig den Archetyp des treuen Freundes: Denken Sie an Gretel in dem Märchen *Hänsel und Gretel*. Nachdem die Kinder im dunklen Wald ausgesetzt worden sind, droht ihnen der Hungertod. Doch sie halten in dieser beängstigenden Situation zusammen und ermutigen sich gegenseitig, als sie durch den Wald irren. Als eine böse Hexe die hungrigen Kinder mit ihrem köstlichen Knusperhäuschen anlockt, gewinnt sie zunächst deren Vertrauen. Doch schon bald zeigt die Hexe ihr wahres Gesicht: Hänsel wird in einen Käfig gesteckt, wo er gemästet werden soll. Denn die böse Alte will ihn schlachten. Gretel wird von der Hexe gezwungen, ihr dabei behilflich zu sein. Das Mädchen liebt seinen Bruder über alles und geht daher *nur zum Schein* auf die Anweisungen der Hexe ein, bleibt aber sich und ihrem Bruder innerlich treu. Es ist beeindruckend, wie Gretel trotz ihrer Angst immer von ihrer Liebe und Treue geführt wird. Sie verliert die Treue nicht. Weder läuft sie weg, noch geht sie mit der Hexe einen Pakt ein. Stattdessen beweist sie im entscheidenden Moment verblüffende Stärke und Mut: Sie stößt die böse Hexe mit einem gezielten Tritt in den Backofen, wo sie verbrennt. Dann befreit sie ihren Bruder.

Unter Erwachsenen kann sich aus einer verliebten Liebelei eine spannende, tragfähige Liebesbeziehung entwickeln, wenn die Partner zugleich beginnen, eine tiefe Freundschaft zueinander zu entwickeln. Dies bringt die Qualitäten von Vertrauen, gegenseitiger Fürsorge und Inspiration in die Beziehung. Statt jahrelanger Routine beginnt eine persönliche und gemeinsame Entwicklung.

Wie gestaltet man eine treue Freundschaft? Das ist vor allem die Sache der Freunde selbst. Wie sind ihre Bedürfnisse? Was brauchen sie voneinander? Was können sie einander geben? Wie viel Offenheit können sie sich erlauben? Es gibt keine Norm. Es gibt nur den lebendigen Prozess der Freundschaft. Für die ethische Selbstführung gibt es darin vier Aspekte, die der Buddha uns ans Herz legt:[13]

---

13 Siehe dazu im Palikanon: Digha Nikaya (Sammlung der langen Reden) 31 - Singalaka Sutra

1. Treue Freunde helfen einander und beschützen sich gegenseitig vor Gefahren: Sie halten den anderen davor zurück, leichtsinnig Risiken einzugehen oder sich und sein Vermögen in Gefahr zu bringen. Sie geben einander rechtzeitig einen *wohl durchdachten* Rat, wenn sie die Situation anders einschätzen als der Freund.

2. Treue Freunde wissen um den Wert von Vertraulichkeit und Loyalität: Sie hüten, was sie sich gegenseitig anvertraut haben.

3. Treue Freunde fördern sich gegenseitig: Sie sind großzügig miteinander und lassen den anderen an den eignen Ressourcen und Erkenntnissen teilhaben. Außerdem ermutigen und fördern sie sich gegenseitig, sich weiterzuentwickeln und ihr ganzes Potenzial zu entfalten.

4. Treue Freunde sind wohlwollend miteinander und herzlich: Sie kultivieren einen einfühlsamen Umgang miteinander und stehen sichtbar zu dem Freund. Wenn dieser von einem Dritten kritisiert wird, stellen sie sich ihm schützend zur Seite. Sein Misserfolg ist niemals ein Anlass zur Schadenfreude. Wenn er dagegen in einer Sache erfolgreich ist, dann ist dies Anlass zu echter Freude. Gratulation!

In einer Welt, die von Neid, Selbstinszenierung, Heuchelei und dominanten Verhalten geprägt ist, erscheint es vielleicht anspruchsvoll, Freundschaften entwickeln zu wollen, die Loyalität, Fürsorglichkeit und Mitgefühl einen hohen Stellenwert geben. Doch was ist unsere Alternative? Wie sollen wir unsere engen Beziehungen sonst gestalten, damit wir am Ende unseres Lebens sagen können: *Für diese Freundschaft bin ich unendlich dankbar. Wie kostbar. Welch ein Geschenk.*

Bitte nehmen Sie sich Zeit, über die folgenden Fragen nachzudenken und sich schriftliche Notizen zu machen:

- Was bedeutet es für Sie, sich selbst ein guter Freund zu
  sein? Was ist Ihnen daran besonders wichtig?

- Wem fühlen Sie sich treu verbunden? Warum?

- Gibt es eine Beziehung, aus der Sie sich befreien möchten?

Bitte sprechen Sie auch mit einem Freund oder einer Freundin
über Ihre Beobachtungen.

5.
AVERSION UND
GELASSENHEIT

Sila: *„Ich gelobe, mich darin zu üben, kein Lebewesen absichtlich zu töten oder ihm absichtlich zu schaden. "*

Ungezügelte Aversion, Hass und Gewalt verzerren die geistige Klarheit wie ein schlechter Rausch. Die enthemmende Wirkung ist fatal und zerstörerisch. Wie bekommen wir das in den Griff? Wie kann man sich in Gelassenheit und Klarheit verankern? Und warum werden wir überhaupt aggressiv?

In unserem Gehirn gibt es verschiedene Hauptsysteme zur emotionalen Regulierung. Eines davon ist dafür zuständig, dass wir uns gegen Angreifer zur Wehr setzen und gegen Gefahren kämpfen. Es löst dazu Schübe von Emotionen wie Angst, Wut, Ärger oder Ekel aus. Aus Sicht der Evolution ist dies natürlich ein Überlebensvorteil. Wir brauchen nicht einmal selbst in Gefahr zu sein, um mit Aversionen zu reagieren. Der Kampf- und Verteidigungsinstinkt wird auch bei Gefahren für nahe Angehörige, Angriffen auf unsere Kinder und den Rest der Familie aktiviert. Sogar für fremde Menschen, die in Gefahr sind, kämpfen wir.

Bestimmte Aversionen können also ein wichtiges emotionales Signal enthalten. Sie rütteln uns wach und zeigen, dass es an der Zeit ist, sich zu schützen oder zu handeln und etwas zu verändern. Beunruhigend ist es daher nicht, wenn sich Menschen über Gefahren und Missstände empören und zur Wehr setzen, *sondern wenn sie es nicht mehr tun,* weil sie die Hoffnung aufgegeben haben.

Allerdings haben Aversionen auch eine Seite, die destruktiv und grausam sein kann. In der buddhistischen Psychologie ist der Begriff Aversion oder Hass sehr weit gefasst. Aversion wird als eine der drei mächtigsten Ursachen für Leiden und Zerstörung angesehen.[14] Man versteht darunter alle ablehnenden inneren Antriebskräfte, die darauf ausgerichtet sind, sich selbst oder anderen Leid zuzufügen. Dazu gehören beispielsweise Negativität, Zorn, Ärger, Wut, Jähzorn, Schadenfreude, Bosheit, Feindseligkeit, Arroganz,

---

14 Diese drei Ursachen sind Gier, Aversion und Orientierungslosigkeit.

verurteilendes Denken und Selbsthass. Es gibt wohl kaum einen Menschen, der nicht schon selbst Ziel von Aversionen war oder sie in sich verspürt hat.

Aversionen entstehen aus unterschiedlichen Gründen. Wer kennt nicht die Erfahrung, sich ungerecht behandelt, beleidigt oder in seinen Bedürfnissen übergangen zu fühlen. Dadurch wird eine Kette von Gedanken und Gefühlen auslöst, die sich bald zu Wut und Aggression steigern. Wenn der Geist in einem Zustand von Aversion verfangen ist, trübt dies die Wahrnehmung. Aversionen katapultieren uns auf einen einsamen Platz, an dem das Gespür für Verbundenheit verblasst. In dieser Feindseligkeit und Verbitterung kann es passieren, dass man der Idee verfällt, dass einem *von außen* das Leben schwer gemacht wird. Schuld daran ist der andere – der Feind. In seinem Ärger fixiert man sich auf die Schwächen des anderen. Alle Ansatzpunkte in dessen Verhalten, die einen Gegenschlag rechtfertigen könnten, werden registriert. Wie besessen arbeitet der Geist an Rache-Szenarios. Durch die angestrengten Geistesaktivitäten verengt sich die Perspektive immer mehr. Hass macht blind. Gewalt liegt nur einen Atemzug voraus.

Wer sich in Hass und Aversionen verfangen hat, sitzt darin vorübergehend so fest, dass es ihm kaum möglich ist, nachzuempfinden, was sein Gegner in diesem Moment erlebt. Jegliches Mitempfinden ist wie eingefroren. In diesem feindseligen Wahn ist es nicht möglich, die Angst, die Selbstzweifel oder die Schmerzen des anderen nachzufühlen. Der Dalai Lama spricht davon, dass ein Mensch in der Wut seine Intelligenz verliert.

In der Rückschau sind wir dann vielleicht darüber verwundert, wie sehr wir uns mit der Wut identifiziert haben: *Ich könnte die Wand hochgehen, so wütend bin ich!* Doch einige Stunden oder Tage später hat sich der Sturm gelegt. In der Erinnerung erscheint die Wut nur noch wie ein Traum. Die Wucht des Moments ist verflogen. Ein Segen, wenn wir uns in der hitzigen Situation beherrschen konnten. Falls nicht, kann es lange dauern, bis die Verletzungen verheilen, die wir uns selbst und anderen zugefügt haben.

RACHE

Wie du mir, so ich dir! Dieser Ausspruch ist im allgemeinen Sprachgebrauch ein Synonym für die Überzeugung, dass Rache unter bestimmten Umständen sinnvoll sei und die Ehre wiederherstelle. Genau das Gegenteil trifft leider zu. Eine ungerechte oder grausame Tat wird nicht dadurch geheilt, dass man sie mit gleicher Gewalt beantwortet. Im Gegenteil: Das Leiden wird verdoppelt und verdreifacht. Die Idee, dass Rache in irgendeiner Weise eine legitime Möglichkeit sein könne, ist ein schwerer Irrtum und dreht die Schraube der Feindseligkeit und Gewalt immer tiefer. Rache führt unweigerlich zu weiterer Gewalt – selbst wenn wir uns noch so sehr im Recht fühlen, wütend zu sein. Der Rachegedanke findet in den buddhistischen Weisheitslehren keinerlei Unterstützung.

Übrigens legitimiert auch der oft zitierte Ausspruch „Auge um Auge, Zahn um Zahn" aus dem jüdischen Kulturkreis keine Rachehandlungen. Im Gegenteil: Der Rechtsspruch „… so sollst du geben Leben für Leben, Auge für Auge, Zahn für Zahn, Hand für Hand, Fuß für Fuß, Brandmal für Brandmal, Wunde für Wunde, Strieme für Strieme"[15] verweist auf die sogenannte Talionsformel (lat. *talio* = Vergeltung). Damit sollte die einst übliche Blutrache *eingedämmt* und der Rechtsfrieden wieder hergestellt werden. Der Rechtsspruch „Auge um Auge" verpflichtet denjenigen, der einem anderen eine Körperverletzung zugefügt hat, ihm einen finanziellen Ausgleich für den erlittenen Verlust zu zahlen, damit der Konflikt damit beendet wird und nicht zu Racheakten führt.

---

15 Teil eines Rechtssatzes aus dem Sefer ha-Berit (hebräisch für Bundesbuch) in der Tora (Ex 21,23–25)

SICH VERTRAUT MACHEN
MIT AVERSIONEN

Wenn Sie mehr über Aversionen herausfinden möchten, nehmen Sie die Haltung eines interessierten inneren Freundes ein, der diese Seite an Ihnen besser kennenlernen will. Denken Sie dann an eine Situation in den letzten vier Wochen, in der Sie sich geärgert haben. Rufen Sie sich diese Situation noch einmal mit allen Details in Erinnerung, bis Sie sie wieder fühlen können. Sobald Sie Aversionen in irgendeiner Form wahrnehmen, wenden Sie sich ihnen aufmerksam zu – *ohne einzugreifen und etwas daran zu verändern*. Sonst lösen sie sich auf, bevor Sie die geistig-emotionale Dynamik studieren konnten. Bitte agieren Sie die Gefühle auch *nicht* nach außen aus. Halten Sie die unangenehme Erfahrung von Wut oder anderen schwierigen Gefühlen nur aus. Geben Sie ihnen innerlich etwas Raum. Meditieren Sie damit. Schenken Sie dem Phänomen der Aversion Ihre volle Beachtung und untersuchen Sie sie so genau wie möglich.

Achten Sie darauf, was bereits dadurch passiert, dass Sie sich diesem Zustand bewusst zuwenden und vielleicht sogar einige wenige Worte finden, um Ihre Gefühle und Gedanken zu benennen. Eine einfache Etikettierung reicht aus, um sich über die augenblickliche Erfahrung klar zu werden. Um welche Art der Aversion handelt es sich gerade? Wut? Empörung? Ärger? Oder Rachefantasien?

Woran erkennen Sie eigentlich in Ihrer persönlichen Wahrnehmung, um welche Art von Aversion es sich handelt? Können Sie beispielsweise Wut von Gewaltbereitschaft unterscheiden? Vielleicht geht es Ihnen wie mir, wenn Sie Gewaltbereitschaft daran erkennen, dass sich Ihre Arme und Beine anspannen und Sie die Lippen fest aufeinanderpressen. In meinem Geist entsteht in solchen Augenblicken außerdem der Wunsch zuzutreten. Bin ich dagegen nur wütend, sind meine Arme und Beine ebenfalls angespannt, aber rastloser. Ich spüre einen starken Druck im Herzbereich. In meinem Geist ist nicht der Wunsch nach körperlicher Gewalt, sondern eher der Wunsch, mit meinem eigentlichen Anliegen gesehen zu werden.

Lauschen Sie genau in Ihre Körperempfindungen, Gefühle und Gedanken hinein. Wie ein guter Freund, der Ihnen in Ihrem Kummer zuhört. Lernen Sie, immer präziser Ihre eigenen Erfahrungen zu unterscheiden. Oft löst sich eine Aversion auf, wenn wir ihr mit geduldiger, mitfühlender Aufmerksamkeit begegnen. Dann können andere Emotionen zum Vorschein kommen, wie Angst, Traurigkeit, Einsamkeit oder ein anderes Gefühl, das wir bisher nicht wahrgenommen haben, weil sich die Aversion immer wieder davorgeschoben hat. Mit vielen dieser Gefühle empfinden wir uns als verletzlich und zart. Nicht in jeder Lebenssituation der Vergangenheit mochten wir uns damit zeigen. So kann es sein, dass sich hinter einer persönlichen Neigung zu Aversionen auch das Bedürfnis nach Schutz, Sicherheit und Akzeptanz der eigenen Verletzlichkeit verbirgt. Bleiben Sie behutsam mit sich selbst. Bleiben Sie mitfühlend und sich selbst zugewandt. Öffnen Sie sich mit Ihrer Wahrnehmung auch für die Gefühle und Bedürfnisse hinter der Wut und dem Hass.

Die eigentlichen Bedürfnisse, die sich hinter den Aversionen verbergen können, sind sehr vielfältig und verändern sich im Laufe des Lebens. Es ist das Fachgebiet der Psychotherapeuten, ihre Klienten darin zu unterstützen, ein genaueres Bewusstsein für ihre unterschiedlichen Bedürfnisse auszubilden.

Um besser zu verstehen, warum wir als Menschen Aversionen, Hass und Gewalt entwickeln, ist es hilfreich, sich besonders zwei emotionale Grundbedürfnisse bewusst zu machen:

1. Das *Bindungsbedürfnis*: Wir wollen *dazugehören* und von anderen Menschen akzeptiert werden. Auch von unseren Eltern wollen wir geliebt und gemocht werden. Wenn wir das Gefühl haben, dass dieses Bedürfnis nicht ausreichend erfüllt wird, fühlen wir uns zurückgewiesen. Je intensiver diese Erfahrung

ist, desto eher kann sie zu dem Irrtum führen, dass wir nicht liebenswert sind und damit zum Nährboden für Selbsthass, Hass und Gewalt werden.

2. Das *Autonomiebedürfnis*: Wir wollen die Freiheit haben, unser Leben selbst zu bestimmen und eigenständige, kreative Entscheidungen zu fällen. Wenn Menschen sich immer wieder als die Unterlegenen in einer autoritär gelenkten Umgebung wiederfinden, kann die Autonomie empfindlich einschränkt sein. Übermäßige Kontrolle und Druck rufen in den davon gegängelten Menschen Aversionen hervor. Dies führt in Familien, Schulen, Unternehmen und Organisationen zu vielen Konflikten. Auf politischer Ebene kann es bis zu Gewalttaten und blutigen Revolutionen führen.

ÜBUNG

Bitte nehmen Sie sich Zeit und überlegen Sie noch einmal in Ruhe, welchen Stellenwert das Bedürfnis nach Bindung und das Bedürfnis nach Autonomie für Sie persönlich haben.

- Gibt es vielleicht bestimmte Situationen, die Sie immer wieder auf die Palme bringen?

- Haben diese Situationen im Hinblick auf Ihre Bedürfnisse etwas gemeinsam? Was fehlt Ihnen in diesen Situationen?

- Wie könnten Sie Ihr Verhalten verändern, um zu bekommen, was Sie wirklich brauchen?

Machen Sie sich schriftliche Notizen und sprechen Sie mit einem guten Freund oder einer guten Freundin über Ihre Beobachtungen.

ANGULIMALA

In den zahllosen Lehrreden, die der Buddha hielt, findet sich die außergewöhnliche Unterweisung für den grausamen Mörder und Gewalttäter Angulimala.[16]

Der Buddha war zu jener Zeit zu Gast im Königreich Kosala. Angulimala befand sich ebenfalls in der Gegend und hatte schon ganze Dörfer niedergemetzelt. Der unbezwingbare Gewaltverbrecher konnte es mühelos mit zehn Männern gleichzeitig aufnehmen. Er war skrupellos und unberechenbar. Die Finger seiner Opfer hatte er zu einer makabren Kette aufgezogen, die er stets um seinen Hals trug.

Als der Buddha erfuhr, dass sich der Schwerverbrecher in der Nähe aufhielt, entschloss er sich, ihn aufzusuchen. Er schlug alle Warnungen der ängstlichen Bauern und Hirten, die ihn zurückhalten wollten, aus und machte sich nach der Almosenrunde auf den Weg. Als Angulimala den Buddha von weitem sah, freute er sich über den Mönch, da er dachte, dieser sei gewiss eine leichte Beute. Er nahm seine Waffen und folgte ihm geschwind. Doch obwohl er so schnell lief, wie er nur konnte, gelang es ihm nicht, den Weisen einzuholen. Angulimala, der athletisch war und schneller laufen konnte als ein Pferd, war entgeistert: Dieser Mönch ging mit normaler Geschwindigkeit, und trotzdem konnte er ihn nicht einholen! Er blieb stehen und rief dem Buddha verwirrt nach: „Bleib stehen, Mönch!"

Der Weise antwortete: „Ich bin stehengeblieben, Angulimala, bleib auch du stehen." Dieser tiefgründige und rätselhafte Ausspruch verstörte den Schwerverbrecher vollends. Er war nun restlos aus seinem Konzept. Nach kurzer Überlegung beschloss er, den Buddha zu fragen, was dies zu

---

16 Siehe dazu im Palikanon: MN 86

bedeuten habe. Der sich anschließende Dialog ist in Versform überliefert:

Angulimala: „Obwohl du gehst, Mönch, sagst du, du seist stehengeblieben;
Ich stehe, doch du sagst, ich sei nicht stehengeblieben.
Ich frage dich nun, o Mönch, was das bedeutet:
Wieso bist du statt meiner stehengeblieben?"
Buddha: „Angulimala, für immer bin ich stehengeblieben,
Enthalte mich aller Gewalt gegenüber den Wesen;
Doch du kennst Zurückhaltung nicht gegenüber dem Leben:
Deshalb bin ich stehengeblieben, du dagegen nicht."
Vielleicht war es so, als ob Angulimalas Geist plötzlich aus einem Alptraum erwachte. Er warf seine Waffen in einen Abgrund und bat den Buddha, als Mönch ordiniert zu werden. Dieser willigte ein und nahm ihn mit großem Mitgefühl auf. So geschah es, dass aus dem Mörder ein Mönch wurde.

Keiner der Kämpfer und Soldaten hatte bis dahin den grausamen Verbrecher durch Waffen und Gewalt bezwingen können. Nun gelang es dem Buddha mit friedlichen Mitteln: Seine unerschütterliche Klarheit und das tiefe Mitgefühl berührten diesen Menschen, der sich völlig verrannt hatte. Dabei nutzte der Weise eine geniale Intervention (wie man heute sagen würde): Durch das rätselhafte Paradox, das der lebende Buddha in diesem Moment vor ihm verkörperte und das Angulimala nicht verstehen konnte, wurde sein festgefahrener Geist vollends verwirrt, und er musste von seinem Selbstkonzept loslassen. Erst dieser Zustand versetzte ihn in die Lage, dass er neu Nachdenken und das Unrecht seines Handelns erkennen konnte.

Nur weil er Mönch wurde und fortan im Orden des Buddhas lebte, schenkte König Pasenadi von Kosala ihm das Leben. Angulimala entpuppte sich als ein äußerst eifriger und talentierter Mensch, der in kurzer Zeit ein gütiges, mitfühlendes Herz entwickelte.

Dennoch bekam auch der weise und friedliche Mönch Anguli-mala noch lange Zeit die Folgen seines früheren Hasses und seiner Grausamkeit zu spüren. Immer wieder wurde er von aufgebrachten Dorfbewohnern verprügelt und verletzt, wenn er auf Almosen-runde ging. Doch er ertrug es mit Geduld, bis man ihn eines Tages in Ruhe lies. Rachegedanken hat er nie gehabt.

Dieses Sutra ist ein großes Lehrstück darüber, dass es möglich ist, sich aus der endlosen Spirale von Hass und Gewalt zu befreien. Angulimalas Leben war eigentlich schon *verpfuscht*. Wie lange hätte er noch mordend weitermachen können? Das Leid, das er sei-nen Opfern und deren Familien angetan hatte, war unbeschreiblich und lastete schwer auf ihm. Dennoch war Angulimala nicht nur ein Mörder. Der Buddha konnte sehen, dass dieser Mensch auch die Gabe für ein vollkommen friedfertiges, mitfühlendes Leben in sich trug.

Um dieses Potenzial in uns geht es, um die Fähigkeit, uns aus dem quälenden Griff unserer blinden Aversionen und destruk-tiven Handlungsmuster zu befreien und einen ethischen, fried-lichen Lebensstil zu kultivieren. Die meisten von uns sind keine Mörder, sondern ganz normale Menschen, die Ärger, Wut, Hass und alle möglichen anderen Formen der Aversion durchleben. Die Frage ist: Wenn Angulimala die Gewalt hinter sich lassen konnte, dann müsste es doch auch für jeden von uns möglich sein, einen konstruktiven Weg mit Aversionen zu finden, oder?[17]

---

17 Ausdrücklich abraten muss ich von der Idee, den Buddha in dieser Geschichte nachzuahmen. Wer glaubt, man könne einen Gewalttäter durch die vermeintlich richtige Art der persönlichen Zuwendung von seinem bösen Handeln retten oder erlösen, bringt sich selbst in Gefahr. Falls Sie privat oder beruflich von Gewalt bedroht sind, suchen Sie sich bitte umgehend Hilfe.

BEWUSSTSEIN FÜR VERANTWORTUNG

Neben dem Bewusstsein für die mächtige Kraft der Aversion brauchen wir auch ein Bewusstsein für die Verantwortung, die wir im Umgang mit dieser Kraft haben. Wie lässt sich die ethische Selbstführung in diesem Bereich gestalten? Woran können wir uns orientieren, um Aversion, Hass und Gewalt in den Griff zu bekommen, bevor sie ihre zerstörerische Wirkung entfalten?

Manche Menschen verbinden mit dem Begriff Verantwortung die Idee oder die Erfahrung, sich für ihr Tun vor einer höheren Instanz rechtfertigen zu müssen. Der Begriff Verantwortung hat jedoch zwei verschiedene Bedeutungsrichtungen. In der Tat bedeutete der mittelhochdeutsche Begriff *antwürten*, sich vor Gericht gegen eine Klage zu verteidigen. Eine Antwort war eine Gegenrede oder ein Gegenschwur. Mit Blick in die *Vergangenheit* bezeichnet der Ausdruck Verantwortung auch heute noch die Pflicht, nachträglich für etwas Geschehenes einzustehen. Dies kann recht unangenehme Gefühle auslösen.

Mit Blick auf die *Gegenwart und die Zukunft* jedoch bezeichnen wir mit Verantwortung auch die Aufgabe, „dafür zu sorgen, dass (innerhalb eines bestimmten Rahmens) alles einen möglichst guten Verlauf nimmt, das jeweils Notwendige und Richtige getan wird und möglichst kein Schaden entsteht."[18] Mit Verantwortung ist also auch gemeint: Fürsorglichkeit, Schutz, Sorge tragen, sich kümmern, sich mit etwas auseinandersetzen, sich engagieren und teilhaben. Diese Perspektive ist sehr viel positiver, da sie kreative Handlungsspielräume eröffnet.

Wer die Verantwortung für seine Aversionen übernimmt, schaut nicht mehr weg oder rechtfertigt sich („Der hat es auch verdient!"). Sondern er erkennt Selbstverantwortung als persönliche

---

18 Vgl. Definition auf www.duden.de

Aufgabe und Lernprozess, sich Schritt für Schritt mehr in geistiger Klarheit und Gelassenheit zu verankern, um sich und andere vor Schaden zu schützen. In der buddhistischen Geistesschulung ist der verantwortungsvolle Umgang mit unseren geistigen Zuständen ein zentrales Anliegen, das unter dem Begriff *Rechtes Bemühen* zusammengefasst ist. Es erfordert Courage und Mitgefühl, sich seinen Aversionen zu stellen, anstatt sie auszuagieren.

Wenn wir sehr feinfühlig darauf achten, können wir feststellen, dass jeder Gewalt*ausübung*, ob körperlich, sprachlich oder emotional, ob real oder virtuell, immer ein Gewalt*gedanke* oder eine Gewalt*fantasie* vorausgeht. Es gibt immer erst den Gedanken an eine aggressive Handlung, bevor wir sie in die Tat umsetzen. In den ersten Strophen des Dhammapada erklärt der Buddha:

> *„Alle Dinge entstehen im Geist,*
> *Sind unseres mächtigen Geistes Schöpfung.*
> *Rede mit unreinem Geist,*
> *Handle mit unreinem Geist,*
> *Und Leiden wird dir folgen,*
> *Wie das Rad dem Fuß folgt, der den Wagen zieht."* [19]

Man kann sehr achtsam werden für die Gedanken, die unserem Handeln vorausgehen und die es begleiten. Es ist, als ob im Flugzeug der Autopilot ausgeschaltet würde und der Pilot wieder selber das Geschehen in die Hand nähme. In einem Zustand der Achtsamkeit und Konzentration sind die Sinne geschärft. Wir können unsere Empfindungen, Gefühle und Gedanken mit Klarheit und Wohlwollen registrieren. Die Kunst besteht darin, dieses Maß an Aufmerksamkeit immer wieder zu erneuern und geistige Präsenz *beständig zu üben*. Man kann sogar achtsam werden für unklare, fetzenartige Gedanken und Gefühle, die nur schattenartig auftauchen wie kleine verhuschte Wolken am Nachthimmel.

---

19 Dhammapada (Sammlung von Aussprüchen des Buddha) 1:1,2
   (aus dem Pali übersetzt von Munish B. Schiekel)

Durch das rechte Maß an Anstrengung – nicht durch Überanstrengung! – wird der Geist vitalisiert. Er wird bereit, sich mit seinen Erfahrungen auseinanderzusetzen. Konkret auf Aversionen bezogen heißt dies, sich immer genauer vertraut zu machen mit den eigenen Erfahrungen von Negativität, Ärger, schlechter Laune, Arroganz, Wut oder Hass und zu lernen, bereits die ersten Anzeichen wahrzunehmen, wenn sich Aversionen zusammenbrauen. Diese verfeinerte Wahrnehmung gibt uns die Möglichkeit, frühzeitig zu entscheiden, wie wir mit den aufziehenden Aversionen umgehen wollen. So erhalten wir mehr Spielraum, die Beziehung zu unseren Gedanken und Gefühlen bewusst zu gestalten – anstatt ununterbrochen von ihnen vorangetrieben zu werden.

Verantwortung für unsere geistigen Zustände bedeutet, dass wir nur die Zustände aktiv fördern, die heilsam sind, also zuträglich für unser Wohlbefinden, gesund für ein gedeihliches Zusammenleben und die persönliche Weiterentwicklung. Alle anderen Zustände werden nicht verdrängt, sondern sie werden einfach nicht weiter gefördert. Auf diese Weise kann man es geschickt für sich nutzen, dass Aversionen von Natur aus wandelbar und interdependent sind. Wenn ihnen die Unterstützung fehlt, lösen sie sich wieder auf.

Strategie 1: Kein Öl ins Feuer

Die erste Strategie besteht darin, das Feuer nicht weiter anzufachen. Wir brauchen Aversionen nicht zu bekämpfen oder uns für sie zu verurteilen. Es reicht, wenn wir ihnen keine neue Energie geben. Sie schwächen sich von alleine ab, wenn man konzentriert bleibt und sich von ihren gehässigen, hitzigen Gedanken nicht hinreißen lässt, Dinge zu tun oder zu sagen, die verletzend sind. Wenn man dagegen den Aversionen freien Lauf lässt und sie gegen andere ausagiert, kommt die interdependente Dynamik erst so richtig in Fahrt: Ein Wort ergibt das andere, und Konflikte spitzen sich in der Hitze des Gefechts dramatisch zu. Irgendwann entsteht der Wunsch, dem anderen zu schaden, und Racheaktionen nehmen ihren Lauf.

In einer schwierigen emotionalen Lage ist es oft das Klügste, geduldig zu bleiben, mitfühlend für sich selbst, und nicht weiter nach außen zu reagieren, bis die Wucht der geistig-emotionalen Welle wieder abgeklungen ist. Aversionen können dabei so stark werden, dass Sie vielleicht das Gefühl haben werden, überfordert zu sein. Lassen Sie den Dingen trotzdem nicht ihren unheilvollen Lauf. Bleiben Sie mit Ihrem Bemühen klar darauf ausgerichtet, die Aversionen nicht noch mehr zu steigern. Gießen Sie kein Öl ins Feuer, dann geht es von alleine aus.

In besonders schwierigen Situationen ist es besser, sich vorübergehend abzulenken mit Sport, einer Massage oder einem guten Film, als sich wie von Sinnen in der Wut oder dem Hass zu verlieren und dabei Dinge zu tun, die man später bereut. Sobald die feindseligen Emotionen wieder abklingen, ist es sinnvoll, die Konfliktthemen oder Missverständnisse mit dem anderen zu klären. Denn das Ziel ist es nicht, allen Konflikten aus dem Weg zu gehen, sondern zunächst emotional *abzurüsten*, damit konstruktive Gespräche überhaupt möglich werden.

Strategie 2: Ressourcen stärken

Die zweite Strategie besteht darin, unsere heilsamen, konstruktiven Geisteskräfte zu stärken und damit innere Fähigkeiten und Ressourcen zu bilden, auf die wir auch in schwierigen Situationen zurückgreifen können. Einige der Ressourcen wie Vertrauen, Konzentration, Humor oder Freude haben Sie vielleicht ohnehin schon. Gemeint sind die guten Qualitäten in uns. Wie kann man diese heilsamen Kräfte weiter stärken? Indem man Ausschau hält nach geeigneten Impulsen, die das Herz und den Geist öffnen und nähren. Man lädt sie bewusst in sein Leben ein: Dies können geeignete Kontakte mit inspirierenden, weisen Menschen sein, Freunde, denen man vertraut, persönliche Lehrer oder Therapeuten. Es kann auch gute Literatur oder ein Film sein, der zu tieferen Einsichten inspiriert. Nicht zu vergessen die intensiven Erfahrungen in der Natur oder die Freude an der Musik. Sie können uns auf einer sehr viel tieferen Ebene berühren, die Aversionen niemals erreichen können.

Manchmal übersehen wir, welche guten Anlagen wir bereits in uns tragen, weil wir eher auf das achten, was schwierig und unangenehm ist, als auf das, was uns innerlich erfüllt und stärkt. Wenn wir uns in Aversionen verlieren, liegt es nicht immer daran, dass wir keine geistig-emotionalen Ressourcen haben, mit denen wir die Dominokette unterbrechen könnten. Sondern wir *vergessen* es einfach, sie anzuwenden.

Am effektivsten werden unsere guten Qualitäten gestärkt, wenn wir sie immer wieder nutzen. Ein Beispiel: Vielleicht fällt es Ihnen leicht, gegenüber Ihren Kollegen oder Mitarbeitern im Büro recht geduldig zu bleiben. Wie wäre es dann, gerade diese Ressource auch in anderen Situationen einzusetzen? Sie könnten sich vornehmen, in Zukunft auch beim Autofahren geduldig zu bleiben, anstatt sich über die anderen zu ärgern... Die Kunst des *Rechten Bemühens* besteht darin, die heilsamen Geisteskräfte zu stärken und ihnen viel mehr Anwendungsmöglichkeiten zu geben. Dadurch werden sie trainiert und stehen immer müheloser zur Verfügung.

GELASSENHEIT

Im Umgang mit Aversionen ist Gelassenheit eine unerschöpfliche Quelle der Unterstützung. Aversionen verursachen oft ein Druckgefühl, Unruhe und Aufgeregtheit im Geist. Gelassenheit dagegen fördert das Gefühl, innerlich Raum zu haben. Daher ist sie so heilsam und hilfreich. Sie wirkt sich immer beruhigend aus.

Gelassenheit durch Selbstmitgefühl

Wenn man in einer bestimmten Situation bereits gereizt und ärgerlich ist, findet man Gelassenheit am schnellsten durch eine mitfühlende Haltung für sich selbst wieder.

Ich möchte Ihnen ein Experiment vorschlagen: Rufen Sie sich eine Situation in den letzten Wochen (oder Monaten) ins Gedächtnis, in der Sie ziemlich ärgerlich waren. Überlegen Sie kurz, warum Sie aufgebracht waren. Was war passiert? Dann erinnern Sie sich, wie Sie vermutlich ausgesehen haben, als Sie ärgerlich waren. Nehmen Sie die gleiche Körperhaltung ein. Spüren Sie bewusst Ihren Körper in diesen Zustand. Spüren Sie den Druck und die Enge. Nehmen Sie wahr, wie fest und angespannt der Körper jetzt wird. Der Muskeltonus und der Blutdruck steigen wahrscheinlich. Achten Sie auch auf die Veränderungen in Ihrem Gesicht und in Ihren Bauchmuskeln. Vielleicht spüren Sie bereits einen leichten Druck im Schädel. Stellen Sie sich rundherum auf Ärger, Abwehr und Widerwillen ein. Was nehmen Sie jetzt wahr? Ist es angenehm oder unangenehm? Warum?

Tun Sie dann etwas, das Sie vielleicht zunächst überrascht: Legen Sie die linke Hand sanft an Ihr Herz. Lenken Sie nun Ihre ganze Aufmerksamkeit dort hin. Atmen Sie. Bringen Sie, noch während Sie den Ärger spüren, eine warme, wohlwollende Haltung *für sich selbst* in ihr Herz und Ihren Geist. Bleiben Sie aufmerksam. Was geschieht jetzt? Beobachten Sie, was passiert, wenn Sie in der schwierigen Emotion sind und bewusst eine mitfühlende Haltung zu sich selbst einnehmen. Folgen Sie mit Ihrer Aufmerksamkeit feinfühlig Ihrer Erfahrung und stemmen Sie sich nicht dagegen. Halten Sie den Ärger nicht fest. Atmen Sie. Bleiben Sie präsent. Ruhe und Gelassenheit finden wir in der Mitte unseres Herzens. Entspannen Sie sich. Beruhigen Sie sich. Atmen Sie. Verankern Sie sich in Ihrer Mitte.

Die Übung des Selbstmitgefühls bahnt einen Weg in die Gelassenheit. Denn es bewirkt, dass wir die intensiven Emotionen, die mit der Aversion verbunden sind, loslassen können. Warum verstricken wir uns eigentlich immer wieder in Emotionen wie Ärger, Wut, Negativität, Neid, Arroganz oder Rachegefühlen? Weil wir unser Ich-Empfinden dabei verkrampfen. Sie haben es vielleicht gerade eben in der körperlichen Anspannung und dem Druck gespürt. Alles verhärtet sich, auch der Geist und das Herz. Unser Ich-Empfinden gefriert und verliert vorübergehend seinen fließenden, problemlosen Zustand. Selbstmitgefühl ist die wohlwollende Haltung gegenüber uns selbst. Es ist kein Geheimnis oder Trick. Sondern nur eine wohlwollende, durch und durch freundliche Beziehung zu sich selbst. Diese innere Haltung ähnelt der eines sehr guten Freundes oder Verwandten, der uns wirklich liebt und beisteht. Sobald wir diese liebende Loyalität innerlich spüren, fühlen wir uns sicher und umsorgt. Wir können uns beruhigen und finden unsere Klarheit wieder. Wenn Sie diese Haltung kultivieren wollen, üben Sie es immer wieder, bei jeder Gelegenheit, sich selbst aus der mitfühlenden, freundlichen und umsorgenden Perspektive anzuschauen und entsprechend zu handeln.

Gelassenheit durch Besonnenheit

Ein besonnener, wohlwollender Umgang mit schwierigen Emotionen kann auch durch kluges Nachdenken und Selbstreflexion kultiviert werden. Denn unsere schwierigen Emotionen werden nicht durch das ausgelöst, was eine andere Person macht oder zu uns sagt, sondern vor allem durch unsere gedankliche Reaktion darauf. Wie wir denken, hat unmittelbaren Einfluss darauf, wie wir fühlen – und ob wir leiden. Die folgende Geschichte vom Axtdieb erzählt sehr anschaulich, wie stark unser Denken unsere Wahrnehmung und unsere Emotionen beeinflusst.

Ein Mann fand eines Tages seine Axt nicht mehr. Er suchte und suchte, aber sie blieb verschwunden. Er wurde ärgerlich und verdächtigte den Sohn seines Nachbarn, die Axt gestohlen zu haben.

Er beobachtete den Sohn seines Nachbarn ganz genau. Und tatsächlich: Der Gang des Jungen war der Gang eines Axtdiebes. Die Worte, die er sprach, waren die Worte eines Axtdiebes. Sein ganzes Wesen und sein Verhalten waren die eines Axtdiebes.

Am Abend fand der Mann die Axt unter einem großen Holzstapel.

Am nächsten Morgen sah er den Sohn seines Nachbars erneut. Sein Gang war nicht der eines Axtdiebes. Seine Worte waren nicht die eines Axtdiebes, und auch sein Verhalten hatte nichts von einem Axtdieb.[20]

Wir versteigen uns in unsere Ideen und Interpretationen darüber, welche Bedeutung die Ereignisse für uns haben und ob andere Personen uns wohlgesonnen sind oder nicht.

Jeder Mensch ist in seinem Leben auch von unangenehmen Situationen betroffen. Selbst mit vorausschauendem Denken und Handeln können wir den Unannehmlichkeiten nicht immer ausweichen. Es ist normal, dass die Dinge manchmal schieflaufen, wir gelegentlich Kritik ernten, schlechte Neuigkeiten empfangen oder Verluste erleiden. Emotional aufgewühlt werden wir erst durch unsere *gedanklichen Interpretationen* der Lage. Denn unsere mentale Bewertung der Situation steuert die Gefühle mehr, als die Ereignisse selbst es tun. Wut, Rache, Eifersucht oder ähnliche Aversionen werden durch entsprechende Gedanken ausgelöst und verstärkt. Das Leiden kommt dann mit der *emotionalen* Überreaktion. Sie bringt uns aus dem Gleichgewicht.

---

20 Geschichte nach Lao Tse. Verfasser unbekannt.

Besonnenheit kultivieren wir, indem wir uns angewöhnen, achtsam zu sein für das, was wir denken, und dafür, wie die Gedanken die Realität erschaffen. Stellen Sie sich vor, jemand hat Sie im Büro geärgert. Wenn Sie jetzt denken: „Du blöder Knilch, dir zahle ich's heim" oder „Das lasse ich mir von dir nicht gefallen", stacheln diese Gedanken Ihre Rachelust wahrscheinlich an, und Sie handeln entsprechend. Weniger Emotionen und Dramatik würde dagegen ein Gedanke verursachen wie „Was ist mit dem denn los?" oder „Wie kann ich jetzt angemessen reagieren?"

Achtsam zu sein für seine Gedanken bedeutet, dass wir zunehmend die Wahl haben, wie wir über ein Ereignis denken. Gut geschulte Achtsamkeit und Konzentration ermöglichen es, die Führung über unser Denken zu kultivieren. Führung bedeutet in diesem Zusammenhang vor allem, dass wir nicht jedem Gedanken und jeder Interpretation, die uns durch den Kopf geht, Glauben schenken und sie ungeprüft übernehmen. Der geschulte Geist kann entscheiden, welche seiner Gedanken er akzeptiert und welche er wieder loslässt. Gedanken, die Harmonie und friedliche Konfliktklärung fördern, akzeptiert er. Den Gedanken, die die Lage dramatisieren und Aversionen hochschaukeln, glaubt er nicht.

Gelassenheit durch Erkenntnis

Durch weise Erkenntnis eröffnet sich noch ein anderer Grad an Gelassenheit: Wir haben die Tendenz, unsere Lebensperspektive immer wieder zu verengen auf den Kampf um Ansehen, Erfolg oder Lustgewinn, während wir gleichzeitig damit beschäftigt sind, Kritik und Misserfolge, sowie jede Form von Schmerzen zu vermeiden. Doch das Leben reißt uns gelegentlich sehr unsanft aus unserer kleinen Gewinner-und-Verlierer-Welt, die uns so stresst. Eine schwere Krankheit oder der überraschende Tod eines geliebten Menschen können vieles infrage stellen. Schicksalsschläge und schwerwiegende Verluste werfen existenzielle Fragen auf, deren Beantwortung oft nicht noch mehr Denken erfordert, sondern Stille und Rückbesinnung auf unser Herz und den klaren Geist.

Im tiefen Loslassen erkennen wir, dass sich so manche Idee, der wir nachgejagt sind, zur Zwangsjacke entwickelt hat. Können wir still werden und uns entspannen, damit wir uns aus dieser seltsamen Enge des Kämpfens befreien? Können wir „anhalten", so wie der Buddha es getan hat? Dann erlischt der Kampf, und Frieden wird spürbar. Der große tibetische Meister Khyentse Rinpoche schrieb: „Bewahren Sie diesen Zustand der Einfachheit. Wenn Sie Glück, Erfolg, Wohlstand und andere günstige Bedingungen erleben, betrachten Sie sie als Traum und Illusion, hängen Sie nicht daran. Wenn Sie mit Krankheit geschlagen sind, mit Verleumdung, Armut und Verlust, lassen Sie sich dadurch nicht entmutigen. Verstärken Sie Ihr Mitgefühl. Was immer auch eintritt, verfallen Sie nicht in Übermut oder Depression. Bleiben Sie frei und unbekümmert und in durch nichts zu erschütternder Gelassenheit."[21]

EXKURS:
DAS TÖTEN VON TIEREN

Die innere Ausrichtung, nicht absichtlich andere Lebewesen zu töten oder ihnen zu schaden, sensibilisiert uns für das Leiden, das sonst durch dieses Verhalten erzeugt würde. Alle Lebewesen sollen durch diese Ethik des Respekts geschützt werden – auch Tiere und Pflanzen. Dennoch sind wir in einem Dilemma: *Leben ernährt sich von Leben!* Täglich werden unzählige Lebewesen von anderen Lebewesen getötet, um von ihnen gefressen zu werden. Dies ist der *natürliche* Gang der Dinge. Doch wir Menschen haben mittlerweile eine Art der Nutztierhaltung entwickelt, die bestialisch ist, weil sie Tiere durch qualvolle Torturen schickt. Denken Sie an Hühnerfarmen mit Tausenden von Tieren auf engstem Raum. Denken Sie an Rinder, die nie in ihrem Leben die Sonne sehen, weil sie im

---

21 Khyentse Rinpoche in: Matthieu Ricard, Das Licht Tibets

„Herstellerbetrieb" geboren werden, aufwachsen und geschlachtet werden. Nur durch die entsprechende Nachfrage nach billigem Fleisch können diese Produktionsmethoden und das Leiden der Tiere fortgesetzt werden. Ein ethisch integrer Lebensstil verzichtet auf Nahrungsmittel, die unnötig mit Leiden belastet sind.

Gegenüber dem Kinderarzt Jivaka erklärte der Buddha einmal, warum es Unrecht sei, Tiere für ihn und die Mönche zu töten. In seinem tiefen Mitempfinden weist er auf das große Leid der Tiere hin: Sie erleben Schmerz und Trauer, während sie zitternd am Halsstrick weggeführt werden und ebenso erleiden sie Schmerz und Qual, wenn sie geschlachtet werden[22]. Doch positionierte sich der Buddha nicht generell als Gegner von Fleischspeisen. Wenn die Tiere nicht speziell für ihn geschlachtet wurden, nahm er Fleischspeisen als Almosen an.

Ob man Fleisch essen will oder nicht, ist eine persönliche ethische, vielleicht auch eine gesundheitliche Entscheidung. Man kann kein Fleisch essen, ohne dass ein Tier dafür geschlachtet wurde. Dies bleibt selbst dann so, wenn wir uns entscheiden, nur sehr wenig Fleisch zu essen und nur von Tieren aus artgerechter Haltung auf Bio-Höfen.

EXKURS: GEFAHREN UND GRENZSITUATIONEN

Es gibt Gefahren und Situationen zwischen Leben und Tod, die sich nicht leicht durch eine einzelne ethische Handlungsempfehlung auffangen lassen, da sie eine Abwägung der Interessen erforderlich machen. Werte wie Respekt, Fürsorglichkeit und Wehrhaftigkeit mischen sich und stellen uns vor die schwierige

---

22 Siehe dazu im Palikanon: MN 51– Jivaka Sutra

Aufgabe, in der konkreten Situation die richtige Gewichtung zu finden. So erging es einem guten Freund und Kollegen von mir, den ich vor einiger Zeit in Israel besuchte. Stephen lebt in einer ländlichen Gegend und hat gerne seine Enkelkinder zu Besuch. Eines Tages wollte er nur kurz in das Zimmer schauen, in dem die Enkelkinder mittags schlafen. Zu seinem großen Schrecken entdeckte er im Bettchen des Babys eine Giftschlange. Mit enormer Gefasstheit versuchte er zunächst, die Schlange herauszulocken, denn er wollte das Geschöpf nicht töten. Doch sie blieb in bedrohlicher Nähe zu dem Kind. Es gelang Stephen nicht, sie aus dem Bett, geschweige denn aus dem Raum zu holen. Sie ließ sich nicht vertreiben und war eine echte Gefahr für das Baby.

Stephen und seine Frau leben mit großem Respekt für die Natur und alle Lebewesen. Sie sind sehr verwurzelt mit der Erde, auf der sie mit ihren eigenen Händen Steinhäuser für sich und ihre Töchter gebaut haben. Stephen erzählte mir, er habe wirklich alles versucht, aber am Ende gab es nur noch zwei Möglichkeiten: die Schlange zu töten oder zu riskieren, dass das Baby gebissen wird. Der Großvater entschied sich für die erste Möglichkeit. Als er die leblose Schlangenkreatur begrub, bat er sie aus tiefsten Herzen um Vergebung. Doch er war auch erleichtert.

Hätten wir anders reagiert? Wie ist es in Gefahrensituationen, in denen mein Leib und Leben oder das eines Menschen in meiner Nähe akut auf dem Spiel stehen, weil es von einem anderen Menschen oder einem Tier bedroht ist? Meiner Ansicht nach ist es nicht hilfreich, sich beharrlich auf den Standpunkt zu stellen, dass jeder Akt der Gewalt ausgeschlossen ist. Nicht akzeptabel ist für mich jeder Akt der Grausamkeit, weil damit dem anderen unnötig Qualen zugefügt werden. Doch die Bereitschaft, sich zu *wehren*, erscheint mir legitim. Wehrhaftigkeit dient dem Schutz vor Angriffen und Gefahren und ist ein Ausdruck der Fürsorge. Damit kann im Einzelfall die schwierige ethische Abwägung verbunden sein, wie denn das Handeln in dieser konkreten Situation aussehen soll, damit es einerseits tatsächlich Schutz bietet und andererseits so wenig

Leiden wie möglich verursacht. Meistens bleibt für diese Abwägung nur sehr wenig Zeit. Die grundsätzliche Entscheidung für die Wehrhaftigkeit erlaubt es uns, ohne Zweifel für die eigene körperliche Integrität und die unserer Kinder einzustehen. Die grundsätzliche Ausrichtung, dem anderen nicht unnötig zu schaden, kann uns dann unterstützen, sich auf eine effektive, angemessene Weise gegen die Gefahr zur Wehr zu setzen, ohne sinnlos Schmerzen zu verursachen. In extrem seltenen Ausnahmefällen kann es allerdings auch bedeuten, dass das andere Lebewesen durch die Gegenwehr stirbt, wie Stephens Geschichte zeigt.[23]

---

23 Mehr zum Thema Wehrhaftigkeit: siehe im Abschnitt *Grenzen setzen*, S. 114ff.

6.
KOMMUNIKATION

Sila: *„Ich gelobe, mich darin zu üben, nicht zu lügen und wohlwollend zu sprechen."*

Menschen kommunizieren rund um die Uhr. Unsere Antennen sind ständig auf *Senden/Empfangen.* Durch die rasante technische Entwicklung sind mit Geräten wie Smartphones und Internetangeboten wie Facebook, Chats, Blogs und Foren wichtige neue Kommunikationsmedien und -wege aufgetaucht. Keine Frage: Unsere Kommunikationsfrequenz hat sich dadurch in den letzten Jahren außerordentlich erhöht. Doch ist jede Kommunikation gleich gut? Worauf kommt es aus ethischer Sicht an?

Worte sind machtvoll. Wie wir denken und kommunizieren, wirkt sich maßgeblich auf die Gestaltung unserer Beziehungen auf allen Ebenen aus. Durch ungeschickte Kommunikation können Beziehungen empfindlich beschädigt oder zerstört werden. Wenn die Gesprächspartner dagegen klug und einfühlsam kommunizieren, haben sie die Macht, Kriege zu beenden, Feindschaften zu überwinden und Freundschaften zu entwickeln.

Der Verlauf eines Gesprächs hängt von vielen Faktoren ab. Dazu gehören Ort und Zeitpunkt der Unterredung, ob die Gesprächspartner sich vorbereitet haben und ob sie die gleiche Muttersprache haben. Geschlechterfragen spielen ebenso eine Rolle wie der jeweilige kultureller Hintergrund und ihr Bildungsstand. Ein weiterer Faktor ist natürlich die Tagesform, also ob jemand krank oder gesund ist und wie viel Schlaf er in der Nacht zuvor hatte. Die persönliche Stimmung und die emotionale Lage der Beteiligten beeinflusst ebenfalls, wie ein Gespräch verläuft und wie es empfunden wird. Kurz: Kommunikation ist sehr vielschichtig. Ein durch und durch interdependenter Prozess.

Für die ethische Selbstführung ist es wichtig, mit welcher *Absicht* wir etwas kommunizieren. Welche Motivation lenkt die Gesprächspartner? Ist sie freundlich, wird das Gespräch sogar bei einem inhaltlich schwierigen Thema wahrscheinlich freundlich bleiben, weil wir uns immer wieder um den anderen bemühen.

Sobald wir dagegen mit einer böswilligen Absicht in ein Gespräch gehen, wird es wahrscheinlich einen feindseligen Verlauf nehmen. Fast unbemerkt aus dem Hintergrund können Gier, Aversion oder Orientierungslosigkeit die Kommunikation lenken:

- Wenn Gier und Verlangen die Kommunikation motivieren, wird Sprache absichtlich als Mittel der Manipulation und Verführung eingesetzt, um seinen Gesprächspartner zu umschmeicheln und auszunutzen.

- In einer wütenden, hasserfüllten oder rachsüchtigen Stimmung wird Sprache und Kommunikation oft als scharfe Waffe benutzt, mit der man den Gegner absichtlich vor anderen verunglimpft, beleidigt oder ihm auf andere Weise das Leben zur Hölle macht. Manchmal ist es eine ganze Wortlawine, die ihr Unheil anrichtet, manchmal nur ein einzelner Satz hinter vorgehaltener Hand.

- Orientierungslosigkeit drückt sich in der Kommunikation dadurch aus, dass man ungeschickt redet, weil man schlecht vorbereitet, unaufmerksam oder gedankenlos ist. Man hat nicht in Ruhe darüber nachgedacht, was man eigentlich sagen will, ist dem Gesprächspartner in diesem Moment nicht menschlich zugewandt oder macht sich nur wenig Gedanken, wie man sich mit seinem Anliegen passend ausdrücken könnte. Diese Nachlässigkeit führt unweigerlich zu Missverständnissen, deren Aufklärung in der Regel Zeit und Nerven kostet.

Das Rätsel der erfolgreichen Kommunikation beschäftigt Menschen schon seit Tausenden von Jahren. Unsere bunte digitale Welt kann keine Antwort auf die komplexe Frage geben, was eigentlich eine gewinnbringende und konstruktive Kommunikationskultur ausmacht, denn sie bietet nur den derzeit möglichen technischen Rahmen. Der bewusste Umgang mit Sprache und die kommunikative Geschicklichkeit muss jeder durch Übung und Erfahrung selbst entwickeln.

COMMUNICARE

Das lateinische Wort *communicare* bedeutet *etwas gemeinsam, gemeinschaftlich machen* und *sich besprechen*. Wenn wir kommunizieren, tauschen wir Informationen aus und machen diese dadurch gemeinschaftlich. Jedes Mal versuchen wir, eine Verbindungsbrücke zueinander entstehen zu lassen. Gerade dies ist seit Urzeiten eines der wichtigsten Ziele des Kommunizierens innerhalb einer bestehenden Gemeinschaft: die Bestätigung oder Stärkung des Gefühls der Verbundenheit miteinander.

Kommunikation formt den Kontakt zwischen den Gedanken, Gefühlen, Glaubenssätzen und Überzeugungen zweier Menschen. Wenn wir miteinander kommunizieren, treten unsere inneren geistig-emotionalen Erfahrungen in direkten Kontakt miteinander. Sprache soll unsere Gedanken und Bewusstseinsinhalte vermitteln. Wir werben damit beim anderen um Verständnis für das, was wir selbst für wichtig halten.

Als *Exkommunikation* wird die Verbannung aus der Gemeinschaft der katholischen Kirche bezeichnet. Auch im nicht-religiösen Umfeld fühlt man sich verstoßen, wenn der Lebens- oder Geschäftspartner nichts mehr sagen oder nicht mehr zuhören will und sogar den Kontakt abbricht. Die einseitige Auflösung der Verbindung wird vom anderen oft als verletzend und demütigend empfunden. Im Ausnahmefall ist sie jedoch ein angemessenes Mittel, um Abstand zu einer unheilsamen, schädigenden Beziehung zu finden. Allerdings ist auch die umgekehrte Reihenfolge möglich: Eine Beziehung nimmt einen unheilsamen, destruktiven Verlauf, gerade weil einer oder beide Partner keinen Weg finden, sich zu öffnen und über Dinge zu reden, die für sie wirklich bedeutsam sind. Die *Communio* (lat. Gemeinschaft) zwischen ihnen wird dann nicht am Leben erhalten, und der Kontakt reißt ab.

DIE KUNST DES ZUHÖRENS

Da wir körperliche, sinnliche Menschen sind, vermitteln wir dem anderen unsere Informationen nicht nur durch Worte, sondern über alle Sinne. Mimik und Körpersprache teilen auf ihre eigene Weise wichtige Informationen mit: sowohl über den sachlichen Inhalt als auch über den Erzählenden, nämlich was er von uns hält und was er von uns will. Ein guter Zuhörer nimmt neben den Worten auch viele der körperlichen Signale des Erzählers achtsam auf. Wir imitieren sehr subtil und eher unbewusst die Mimik und Körpersprache des anderen, um seine Gefühle besser zu verstehen. Durch unser empathisches Resonanzvermögen[24] schwingen wir uns auf den emotionalen Ton des anderen ein. Empathisches Zuhören ist jedoch nicht möglich, solange wir uns selber in den Vordergrund stellen mit unseren vorgefassten Meinungen und moralischen Konzepten. Sie wirken wir ein geistiges Korsett. Denn die bewertenden Gedanken lassen unserem Geist rigide werden: *Das tut man nicht – Selber schuld! – Das hätte ich nicht gemacht.* Auf diese Weise wird das einfühlsame Zuhören blockiert, und wir verstehen einander nicht.

„Zuhören ist sehr viel schwieriger, als gemeinhin angenommen wird; wirkliches Zuhören, wie die Meister es verstehen, bedeutet, uns selbst völlig loszulassen, alle Informationen, Konzepte, Vorstellungen und Vorurteile fallen zu lassen, mit denen unsere Köpfe so voll gestopft sind.“[25] Die Kunst des Zuhörens beginnt erst, wenn wir uns selbst und unsere persönliche Perspektive auf die Welt etwas zurücknehmen. Am feinsten und differenziertesten können wir lauschen, wenn wir achtsam und konzentriert sind und dabei entspannt und empfänglich bleiben. Jede vorgefasste Meinung stört die empfängliche Qualität des Zuhörens, denn sie bringt Anspannung und Lieblosigkeit in den Geist.

---

24 Vgl. Kapitel 2 – *Grundlagen*
25 Sogyal Rinpoche, Das tibetische Buch vom Leben und vom Sterben, S. 153f.

Auch wer nur *mit einem Ohr hinhört* und dabei schon eifrig überlegt, was er selber gleich zum Besten geben möchte, sucht nicht wirklich die Verbindung mit seinem Gesprächspartner. Der selbstverliebte Geist ist dann vor allem mit sich beschäftigt und wartet darauf, dass der andere Luft holen muss, damit er in diesem Moment gekonnt den Redefluss übernehmen kann. Selbstverliebtheit ist etwas völlig anderes als Selbstmitgefühl. Der Selbstverliebte interessiert sich vor allem für sich selbst. Er ist eitel, spricht gerne über sich selbst und stellt sich vor anderen dar. Ein gesundes Maß an Selbstmitgefühl unterstützt ebenfalls das Interesse an der eigenen Person, aber mit dem Wunsch, gut auf sich zu achten. Man sorgt gut für sich, ohne die eigene Person in den Mittelpunkt zu stellen. Denn dann kann man sich aus seiner eigenen Fülle heraus auch mit anderen verbinden: Man kann dem Gesprächspartner seine Aufmerksamkeit schenken für dessen Version der Wirklichkeit – und hat ein ehrliches Interesse am gegenseitigen Verständnis. Wer mit einer wohlwollenden Haltung wirklich zuhört, erlebt etwas Wunderbares: Man ist mit seiner Aufmerksamkeit ganz bei dem, was gesagt wird, und lauscht gleichzeitig seinen eigenen Reaktionen. Beides findet Raum. Die spürbare Verbundenheit im Gespräch ist besonders inspirierend, nährend und erfrischend. Unerheblich ist es, ob die Gesprächspartner dabei einer Meinung sind. Der Gesprächsinhalt ist eher nebensächlich. Es geht auch nicht darum, wer die Oberhand bekommt und sich durchsetzt. Die gegenseitige Aufmerksamkeit und die Neugier am anderen tragen das Gespräch und schaffen Verbindung. Dies ist der Kern des Kommunizierens.

LÜGEN

„Es ist empörend, wie dreist sich diese Ganoven durchmogeln!"
Ein Gedanke, den wohl die meisten Menschen schon einmal
gehabt haben. Im öffentlichen Leben wird gelogen, dass sich die
Balken biegen – ob in der Politik, der Werbung oder in zwielichti-
gen Unternehmen, beim Profi-Sport, in der Lebensmittelindustrie
oder bei scheinheiligen Wohlfahrtsorganisationen. Wir haben allen
Grund, uns darüber zu empören. Doch haben Sie sich schon einmal
bewusst gemacht, wie viele kleinere und größere Unehrlichkeiten
wir in unserem eigenen Alltag tolerieren? Ist es überhaupt möglich,
immer ehrlich zu sein und ehrlich zu reden?

Lügen – was ist das eigentlich genau? Wer die Unwahrheit
sagt, lügt damit nicht unbedingt. Denn er muss dabei auch *wissen*, dass die Mitteilung inhaltlich falsch ist, und *wollen*, dass der
Gesprächspartner den falschen Inhalt glaubt. Ein Beispiel: Mein
Freund sagt: „Ich habe dir die 20 Euro, die du mir geliehen hast,
schon zurückgezahlt" – obwohl dies nicht stimmt. Wenn sich her-
ausstellt, dass er in gutem Glauben war und mich gar nicht täuschen wollte, dann hat er auch nicht gelogen, sondern sich geirrt.
Es kommt demnach darauf an, welche *Absicht* wir haben, wenn
wir nicht die Wahrheit sagen. Werden Missverständnisse bewusst
geschürt oder in Kauf genommen, um sich Vorteile zu verschaffen?
Wird jemand in einem Irrtum gelassen, indem man ihm Informationen vorenthält? Nur wer die Absicht hat, dass der andere sich
irren soll und auch danach handelt, der lügt. Wenn mein Freund
die Absicht hatte, mich zu täuschen, weil er die 20 Euro gar nicht
zurückzahlen wollte, dann hat er gelogen. Ob ich ihm tatsächlich
glaube oder nicht, ist nicht entscheidend, sondern ob er mich täuschen wollte.

Schwere Lügen

Einige schwere Formen des Lügens sind kriminell und können zu Gefängnisstrafen führen. Betrug, Falschaussage, Steuerhinterziehung oder Urkunden- und Geldfälschung sind strafbar. Andere schwere Formen der Lügerei sind psychiatrisch relevant. Pathologisches Lügen ist ein Krankheitszeichen und gehört zu einer Reihe von schweren psychischen Erkrankungen. Der Leidensdruck der Patienten ist zum Teil ganz erheblich.[26] Doch obwohl sie ihre Umgebung belügen und täuschen, fehlt ihnen die ethische Einsicht und Selbstkontrolle. Schließlich gibt es auch noch schwer zu durchschauende Mischformen. Hierzu gehört beispielsweise die pathologische Hochstapelei. Menschen mit dieser psychischen Erkrankung bringen sich oft durch ihr sozialschädliches Lügen-Verhalten in große Schwierigkeiten, da sie aufgrund ihrer Erkrankung Strafdelikte begehen.

Normale Lügen?

Alle anderen Formen der Schwindelei sind … normal, oder? In der Tat scheint Unehrlichkeit eine außerordentlich weit verbreitete Angewohnheit zu sein, die zahllose Varianten hat. Sie spiegeln sich in der faszinierenden Fülle an Synonymen, die es für das Verb *lügen* gibt. Man kann flunkern, täuschen, verfälschen, betrügen, heucheln, einwickeln, irreführen, anmeiern, anschmieren, ausbeuten, begaunern, mogeln, schummeln, beschupsen, betuppen, blenden, bluffen, einseifen, hereinlegen, hintergehen, narren, einen Bären aufbinden, ummünzen, verballhornen, verdrehen, verfälschen, verschleiern, verzerren, manipulieren, entstellen, beschönigen, veräppeln, verkohlen, protzen, sich aufblähen, sich aufspielen, sich brüsten, übertreiben (übertreiben *Sie auch manchmal?),* dick auftragen, sich etwas einbilden, von sich eingenommen sein, aufschneiden, blauen Dunst

---

26 Dazu gehört beispielsweise das Münchhausen-Syndrom, bei dem der Betroffene eine schwere Krankheit vortäuscht, um in ärztliche Behandlung (Krankenhaus) zu kommen.

vormachen, blenden, bluffen, heucheln, krank spielen, dem anderen ein A für ein O vormachen … Ich will Sie nicht bedrängen, aber ich vermute, dass Ihnen die eine oder andere Variante aus persönlicher Erfahrung ebenso bekannt ist wie mir, oder? Stellt sich die Frage, warum wir eigentlich lügen. Es gibt mehrere Gründe dafür:

- *Gier* verführt zum Lügen, wenn man hofft, dadurch an einen persönlichen Vorteil heranzukommen, den man sonst nicht ergattern könnte. *Größer – schneller – mehr für mich!* rauscht es durchs Gehirn. Die Gier verdreht uns den Kopf und gaukelt uns vor, dass es uns besser geht, wenn wir hier und da ein wenig an der Wahrheit schrauben. Zur Belohnung verspricht sie uns einen netten Geldvorteil, eine Beförderung, einen Doktortitel, ein paar Extra-Urlaubstage oder eine hübsche Eroberung.

- *Aversionen* können ebenfalls zum Lügen anstiften. Oft besteht dann die Absicht, dem anderen zu schaden. Wenn beispielsweise jemand über einen anderen Lügen und Gerüchte in Umlauf bringt, schädigt er dessen Ruf und dessen Karriere.

- Sehr oft steckt auch *Orientierungslosigkeit* hinter dem absichtlichen Lügen. Vielleicht ist uns eine Situation über den Kopf gewachsen, wir kennen uns nicht mehr aus und haben Angst vor Sanktionen oder dass etwas anderes Schlimmes bevorsteht. Die Verunsicherung und der psychologische Stress können dazu führen, dass man versucht, sich durch Lügereien zu retten.

Kinder(lügen) und Familiensystem

Kleine Kinder lügen manchmal das Blaue vom Himmel herunter, was ihre überraschten Eltern beunruhigt. Es besteht aber nicht immer Grund zur Sorge. Kleinkinder finden es in einem bestimmten Alter faszinierend zu entdecken, dass man absichtlich flunkern kann. Es setzt ja voraus, dass man überhaupt in der Lage ist, zwischen einer wahren Geschichte und einer erfundenen Geschichte zu unterscheiden. Das geht aber erst etwa ab dem sechsten Lebensjahr.

Einige Kinder haben dann großen Spaß daran, mit toternstem Gesicht Lügenmärchen zu erzählen. Manche von ihnen platzen am Ende heraus mit *April, April*. Andere schaffen es tatsächlich, sich nicht zu verraten, und freuen sich diebisch, wenn die Erwachsenen (das Spiel mitspielen und) sich an der Nase herumführen lassen. Wer will sich da zum Moralapostel und Spielverderber machen? Am Ende lachen alle zusammen darüber.

Später kann Lügen jedoch auch ein ernstzunehmendes Alarmsignal sein. Ältere Kinder lügen manchmal, weil es in der Beziehung zu ihren Eltern einen Vertrauenseinbruch gegeben hat. Einige Kinder lügen aus Angst vor harten Strafen oder ungerechten Beschimpfungen. Manche fühlen sich zu stark kontrolliert und in ihrer Freiheit beschnitten. Sie erlügen sich ihre Freiräume. Wenn Eltern von Jugendlichen bemerken, dass diese sie hintergehen, ist es wenig hilfreich, sie wie *Täter* zu behandeln und ihnen eine Moralpredigt zu halten. In Familien ist die systemische Interdependenz besonders dicht. Daher ist es meistens sinnvoller, sich zu fragen, ob die *Beziehungen* miteinander in eine Schieflage geraten sind. Sind wir wirklich noch in Kontakt mit den Kindern? Kann die Balance zwischen Kontrolle und Freiheit eventuell neu anpasst werden? Vor allem aber muss das gegenseitige Vertrauen wieder gestärkt werden.

Übrigens sind auch Kinder irritiert, wenn ihre Eltern es mit der Wahrheit nicht so genau nehmen. Kinder spüren es sehr schnell, wenn man nicht ehrlich zu ihnen ist. Es ist für sie demütigend und verunsichernd, wenn sie herausfinden, dass sie sich auf die Aufrichtigkeit und Loyalität ihrer Eltern nicht verlassen können. Oft fangen sie in ihrer Not dann ebenfalls an zu lügen. Wenn sich Eltern eine vertrauensvolle, ehrliche Beziehung mit ihren Kindern wünschen, dann geht dies wohl nur, indem sie selber diese Werte mit Leben erfüllen.

Evolution

Im Laufe der Evolution hat sich kunstvolles Täuschen oft als Vorteil erwiesen. Wahrscheinlich hat man deswegen – trotz jahrzehntelanger Forschung – bisher kein einziges körpersprachliches Signal finden können, dass eindeutig und zuverlässig bei jedem Menschen das Lügen anzeigt.[27] Aus Sicht der Evolution hätte dies auch gar keinen Sinn. Vielmehr hat sie das Phänomen der Signaltäuschung und Tarnung (Mimikry und Mimese) als Überlebens- und Nahrungsvorteil belohnt. Klare Fortpflanzungsvorteile locken außerdem: Kunstvolle Täuschungsmanöver sowie prächtiges Aufplustern, schillernde Farben und anderes Imponiergehabe gelten im Tier- und Menschenreich oft als vielversprechend und unwiderstehlich.

Taktgefühl

Ist also Schwindeln manchmal doch ganz sinnvoll? Es gibt keine einfache Antwort, die Ja oder Nein lautet. Im Mittelpunkt steht die Überlegung, welche Auswirkungen es auf die *Beziehung* zum anderen haben könnte, wenn man mit ihm offen und direkt über ein bestimmtes Thema zu einem bestimmten Zeitpunkt spräche. Ehrlichkeit braucht immer das notwendige Taktgefühl, sonst kann sie sehr verletzend sein. Andererseits können auch Unehrlichkeit und Lügen eine Beziehung zerstören und tiefe Wunden hinterlassen. Der weltbekannte amerikanische Psychologe und Gefühlsforscher Paul Ekman äußert sich dazu im Interview mit der *Süddeutschen Zeitung*. SZ: „Sie meinen, Wahrheit kann mehr Schaden anrichten als eine smarte Lüge?"

Ekman: „Wahrheit kann auf brutale Weise benutzt werden. Höfliche Täuschung halte ich nicht für eine Lüge. Wir wollen nicht wahrheitsgemäß wissen, ob jemand unser Weihnachtsgeschenk mochte. Wir erwarten Schmeicheleien. Meine Frau hat mir das schon vor langer Zeit beigebracht. Wenn sie heute mit einem neuen Kleid nach Hause kommt und es hat den falschen Schnitt und eine schreckliche Farbe, sage ich: ‚Umwerfend, Honey!'

---

27 Vgl. Rafaela von Bredow: Forensik: Psycho-Tricks sollen Lügner entlarven, Spiegel Ausgabe 1/ 2011: www.spiegel.de/spiegel/a-737856.html

Ich nenne das: Die Wahrheit falsch sagen. Man lügt nicht, aber man erweckt einen falschen Eindruck. Beim Pokern zum Beispiel darf man die Wahrheit gar nicht sagen, sonst gewinnt man ja nie. Meiner Tochter dagegen sage ich immer die Wahrheit, weil sie das so möchte und damit auch besser umgehen kann."[28]

Wissen Sie, was mir an dieser Aussage von Paul Ekman gefällt? Er vergöttert nicht die Wahrheit. Sondern er versucht herauszufinden, was in der Beziehung zu der individuellen Person, mit der er es gerade zu tun hat, die hilfreichste Art ist, um wirksam Kontakt herzustellen. Mit seiner Frau würde es den liebevollen Kontakt empfindlich stören, vielleicht sogar zerstören, wenn er darauf bestünde, ihr stets ehrlich seine Meinung über ihre neuen Kleider entgegenzuposaunen. Ganz anders ist der Umgang mit seiner Tochter. Der innige Kontakt mit ihr wird gerade dadurch gehalten, dass Paul Ekman ausschließlich ehrlich mit ihr redet. Das tut er aber deswegen, weil sie sich das so wünscht und er sich darauf einstellen kann.

Diese Flexibilität zahlt sich aus. Er kann sich einfühlsam und intelligent auf den anderen einstellen, um gemeinsam intensiven menschlichen Kontakt als Grundlage für eine gute Kommunikation herzustellen. Ekmans Beispiele beschreiben deutlich, wie sehr es beim Kommunizieren um Beziehung geht. Taktgefühl und der Verzicht auf allzu ehrliche Meinungsäußerungen über neue Kleidung sollten jedoch nicht so weit gehen, dass man sich jeder Situation anpasst wie ein Chamäleon. Der ehrliche und vertraute Umgang mit sich selbst, seinen eigenen Werten, Gefühlen und Bedürfnissen ist Voraussetzung für Integrität und vertrauensvolle Beziehungen zu anderen.

Abgesehen von dem Beziehungsaspekt hat Kommunikation natürlich auch eine inhaltliche Seite, und dort ist Schummelei nicht angebracht. Wenn ich mir von einem Freund zwanzig Euro leihe, sie nicht zurückgebe und später wider besseres Wissen behaupte, er

---

28 Michaela Haas: Ein Lügenexperte im Interview „Mir entgeht kein Gesichtsausdruck" in Süddeutsche Zeitung vom 24.01.2009/mcs

habe sie schon lange wieder bekommen, dann ist dies gelogen. Auf solche Lügen verzichtet ein ethischer Lebensstil.

Wahrheit und Herz

Das Interesse des Buddhas an der Wahrheit steht außer Frage: Die Vier Edlen *Wahrheiten* sind der Mittelpunkt seiner Erkenntnislehren. Sie zu verstehen erfordert entwaffnende Ehrlichkeit im Umgang mit sich selbst – und ein liebendes Herz. Für absichtliche Lügen, Schwindeleien und Selbstbetrug findet sich auf diesem alten Kulturweg kein Platz. Wenn der Buddha die Wahrheit nicht sagen wollte, hat er geschwiegen oder eine Gegenfrage gestellt und damit die Führung des Gesprächs an sich gezogen. Seinem Sohn Rahula gab er den Rat, vor dem Sprechen in Ruhe abzuwägen, welche Folgen seine Worte für ihn selbst und den anderen haben könnten. Denn Worte, die den anderen verletzen, sind für niemanden hilfreich. Wenn Rahula merke, dass ein Gespräch trotz aller Besonnenheit schiefgehe und unnötig Leid verursache, solle er es unverzüglich abbrechen.[29] Der Buddha hat seinem Sohn diese Hinweise als Teil einer längeren Anleitung über ehrliche Selbstreflektion gegeben. Der Sinn lag nicht darin, vor bestimmten Themen zu kneifen und sie nicht zur Sprache zu bringen. Vielmehr sollte Rahula sich gründlich in Achtsamkeit üben und lernen, sich zu sortieren, wann er mit wem über welches Thema sprechen kann. Ich denke, diesen Rat sollten wir uns auch heute noch uneingeschränkt zu Herzen nehmen.

Im Übrigen hat sich der Buddha nicht gescheut, deutliche Worte zu benutzen, wenn es ihm notwendig erschien: seinen schleimigen Cousin und ewigen Widersacher Devadatta bezeichnete er einmal als *Speichellecker*, als dieser ihn mit zuckersüßen Worten auf das Altenteil schicken wollte, um dann selbst die Ordensführung zu übernehmen.

---

29 Siehe dazu im Palikanon: MN 61 – Rat an Rahula

Während eines Gesprächs mit dem Prinzen Abhaya sagte der Buddha, die Haltung des Mitgefühls leite ihn in jedem Gespräch. Daher sage er grundsätzlich nur die Wahrheit, auch wenn sie nicht immer bequem sei. Es reiche jedoch nicht, nur wahrheitsgemäß zu sprechen. Die Worte müssten auch nützlich sein. Lieber schweige er, als wahre Worte auszusprechen, die nicht nützlich seien. Und auch, wenn sie wahr und nützlich seien, dann müsse der andere doch bereit sein, sie zu hören, sonst warte man besser den richtigen Zeitpunkt ab. Der Prinz Abhaya stimmte ihm zu. Er hatte bei diesem Gespräch ein zartes Kleinkind auf seinem Schoss und konnte die geradlinige, mitfühlende Absicht des Buddhas leicht nachvollziehen.[30]

ÜBUNG

Mit dieser Übung bitte ich Sie nun um einen Perspektivwechsel. Dadurch erhalten Sie die Gelegenheit zu erkunden, was für Sie persönlich hilfreich ist, wenn Sie als Empfänger mit einer ehrlichen Rückmeldung umgehen müssen. Wie müsste das Gespräch gestaltet werden, damit Sie die Worte des anderen gut annehmen könnten und es eine erfolgreiche Kommunikation würde?

Stellen Sie sich folgende Situation vor: Sie haben eine E-Mail geschrieben, die Ihnen sehr wichtig ist. Eigentlich halten Sie das Schriftstück für gut gelungen. Doch bevor Sie in Ihrem Computerprogramm die Taste *Senden* drücken, bitten Sie einen guten Freund, sich die E-Mail noch einmal durchzulesen und sie abzusegnen. Bereits nach den ersten Sätzen beißt sich ihr Freund auf die Lippen, und sein Gesicht verdüstert sich zunehmend. Verunsichert warten Sie darauf, dass er etwas sagt.

---

30 Vgl. dazu im Palikanon: MN 58 – An Prinz Abhaya

Bitte überlegen Sie nun:

- *Ehrlichkeit*: Wie aufrichtig und direkt soll Ihr Freund sein Feedback geben? Worauf würden Sie empfindlich reagieren?

- *Nützlichkeit*: Wie müsste ihr Freund mit Ihnen sprechen, damit seine Antwort den größtmöglichen Nutzen für Sie hätte? Welche Art von Informationen sollte er nicht auslassen?

- *Timing*: Was brauchen Sie in dieser Situation, um offen und empfänglich zu bleiben für den Kommentar Ihres Freundes? Was können Sie selber dafür tun – und worum würden Sie Ihren Freund bitten?

- *Mitfühlende Haltung*: Woran würden Sie erkennen, dass Ihr Gespräch in einer Atmosphäre des Wohlwollens stattfindet?

- Und zuletzt: Was noch wäre für Sie bei diesem Gespräch wichtig?

Beantworten Sie die Fragen schriftlich und sprechen Sie mit einer Freundin oder einem Freund über Ihre Beobachtungen. Wenn Sie beide diese Übung machen, tauschen Sie sich über Ihre Antworten aus, die vermutlich ganz unterschiedlich ausfallen werden.

ANGRIFFE UND
BELEIDIGUNGEN

Besonders schwierig wird die Kommunikation, wenn man sich Angriffen oder Provokationen ausgesetzt sieht. Manche Äußerungen kommen zur falschen Zeit oder sind nicht wahr, andere werden uns schroff und übellaunig entgegengeschleudert. Worte und Gesten können sehr kränkend sein. *Was wir über die Kränkung denken*, kann den Schmerz noch vertiefen – oder uns helfen, ihn loszulassen. Wir tun uns selbst und der Welt keinen Gefallen, wenn wir uns von der Feindseligkeit mitreißen lassen. Andererseits ist es eine echte Herausforderung an unsere Integrität und Selbstführung, in einer klaren Haltung zu bleiben, obwohl man sich Ärger und Angriffen ausgesetzt sieht. Für viele Menschen gehört es zu ihrem beruflichen Alltag, dass sie nicht nur von *netten Kollegen* und einem *tollen Team* umgeben sind, wie es so häufig in den Stellenanzeigen heißt. Offene und verdeckte Spannungen und Lästereien können die Zusammenarbeit innerhalb einer Abteilung sehr belasten. Dahinter stehen oft Missverständnisse, Neid oder Konkurrenzdenken unter den Kollegen. Auch im Privatleben entstehen immer wieder Situationen, in denen wir uns ärgern: Vielleicht ist das Zusammenleben mit dem Partner oder der Partnerin gerade schwierig, oder der Nachwuchs zieht alle Register, um auszutesten, was das Gegenteil einer Charme-Offensive ist. Durch die Spannungen wird das Verteidigungssystem des Gehirns sofort aktiviert: Kampf oder Flucht. Man nimmt den Kampf auf und schnauzt zurück – oder weicht an einen einsamen Ort aus, um die durch Kränkung und Empörung verursachten Wunden zu lecken. Beide Verhaltensweisen sind nicht wirklich befriedigend. Sie wühlen uns auf und bringen uns in einen sehr unharmonischen inneren Zustand.

Wie können wir geschickter mit offenen Angriffen umgehen? Wie finden wir in diesen Situationen Ruhe und Gelassenheit? Es erfordert viel Übung in Konzentration und Selbstmitgefühl, um sich bei einem verbalen Angriff nicht von dem Ärger des anderen anstecken zu lassen. Der Funke kann schnell überspringen, und wir werden schnell aus der Bahn geworfen. Daher ist es das Ziel der ethischen Selbstführung, bei schwierigen Gesprächen, Vorwürfen und Streitereien, die an uns herangetragen werden, in der wohlwollenden Haltung des Mitgefühls und vor allem des Selbstmitgefühls verankert zu bleiben, damit wir uns nicht in die gegenseitigen Aversionen steigern und unnötig noch mehr Leiden verursachen. Diese Idee mag Sie verwundern. Vielleicht befürchten Sie sogar, das ganze Mitgefühl sei etwas für Gutmenschen, die nicht mehr zubeißen wollen. Doch dies wäre ein Irrtum. Die Haltung des guten Willens bewirkt, dass wir uns in Klarheit und Gelassenheit verankern und dort einen festen Halt haben. Sie gibt uns die Freiheit zu entscheiden, wie wir mit diesem Konflikt umgehen wollen, ohne zu riskieren, uns in aufwühlenden Emotionen zu verlieren. Umso konstruktiver können wir unsere eigenen Interessen sortieren und für sie eintreten. Die Haltung des Wohlwollens muss beständig geübt werden, damit sie sich im Gehirn stark verankert und abrufbar wird. Es funktioniert nicht, sich erst bei Schwierigkeiten darauf zu besinnen.

Um während eines Konfliktgesprächs nicht von den verbalen Angriffen und dem Ärger des anderen mitgerissen zu werden, können Sie sich klarmachen: Der andere hat ein *inhaltliches* Anliegen, über das er sprechen will – und er hat Schwierigkeiten, sich geschickt auszudrücken. Denn *die Art und Weise*, wie er im Moment sein Anliegen an Sie heranträgt, ist unangemessen aggressiv. Reagieren Sie in solchen Momenten nicht automatisch und kopflos: Sie müssen nicht zwangsläufig selber ärgerlich oder aggressiv werden. Der Buddha erklärte einmal seinen Mönchen, man könne in einer solchen Situation gelassen bleiben wie ein ruhiger Fluss, den es nicht beirrt, wenn jemand den abwegigen Versuch unternimmt, ihn mit der Fackel auszudünsten.[31] Nehmen Sie das sachliche Anliegen und die Gefühle des anderen ernst, aber bleiben Sie fest

---

31 Vgl. dazu im Palikanon: MN 21

entschlossen, sich nicht von den Emotionen mitreißen zu lassen. Sie können eine kurze, wertschätzende Antwort geben wie: „Ich sehe, dass Sie ziemlich ärgerlich sind. Beruhigen Sie sich. Dann können wir die Sache besprechen. Ich nehme mir Zeit." Sie haben das Recht, sich einfach rauszuhalten und abzuwarten, bis sich der andere wieder beruhigt hat. Dann können Sie die Angelegenheit aktiv miteinander klären.

GRENZEN SETZEN

In einigen Konfliktsituationen ist es durchaus sinnvoll und notwendig, Grenzen zu ziehen und sich im Einzelfall auch gegen Unverschämtheiten oder Angriffe zur Wehr zu setzen. Mitfühlend zu sein bedeutet nicht, *nett zu sein um jeden Preis* und sich alles gefallen lassen. Mitfühlend zu sein bedeutet, aus einer Haltung des Wohlwollens heraus gut für sich und andere zu sorgen.

Stellen Sie sich vor, Sie sind gerade dabei, in einen Streit zu schlittern. Ein Kollege verhält sich Ihnen gegenüber unverschämt, indem er plump vertrauliche Äußerungen über Ihr Privatleben macht. In Ihnen regt sich deutlich Ärger. Sie fangen an zu grummeln. Der innere Druck steigt. Nach außen bleiben Sie noch gefasst, aber lange lässt sich der Druck nicht mehr kontrollieren. Was können Sie tun?

Höchste Zeit, wieder die Führung zu übernehmen. Der Ärger ist hier durchaus ein gesundes Warnzeichen, weil Ihnen jemand ohne Ihr Einverständnis zu nahe kommt. Seine Bemerkungen sind ein Übergriff in Ihre Privatsphäre. Der Ärger aktiviert die verfügbaren Abwehrkräfte in einer Situation, die durchaus Wehrhaftigkeit erfordert. Wehrhaftigkeit ist etwas anderes als ein Angriff, denn die Absicht ist nicht, dem anderen zu schaden. Sie ist vielmehr in der Fürsorglichkeit verwurzelt. Wehrhaftigkeit ist die innere Bereitschaft und Fähigkeit, für das, was uns wichtig und wertvoll ist,

einzustehen und es zu schützen. Für mich gehören dazu beispielsweise meine körperliche Integrität und Gesundheit, die Privatsphäre, Freundschaften, Freiheit und auch materieller Besitz. Weil
ich diese Dinge für mein Leben als *wertvoll erachte*, schütze und
pflege ich sie. Ich bin bereit, Beeinträchtigungen abzuwehren, soweit
es in meiner Macht steht. Wehrhaftigkeit bedeutet nicht, sich an die
Dinge zu klammern, sondern dass man eine verbindliche Beziehung
zu ihnen hat und deshalb bereit ist, sie zu schützen.[32]

> ## ÜBUNG
>
> Bitte legen Sie das Buch für einige Minuten beiseite und
> überlegen Sie: Was erachten Sie in *Ihrem* Leben als wertvoll?
> Stellen Sie sich dabei vor, Sie stehen ganz am Ende Ihres
> Lebens und können erfüllt und glücklich auf zurückblicken.
>
> Versuchen Sie, diesen Zustand mit ihrem ganzen Körper zu
> spüren, und fragen Sie sich dann: Was hat mich in all den
> Jahren als Menschen wirklich bereichert? Wofür hat es sich
> gelohnt, sich einzusetzen?
>
> Bitte finden Sie mindestens drei Antworten und erklären Sie
> auch kurz, warum das, was Sie ausgewählt haben, für Sie so
> wertvoll ist. Bitte sprechen Sie auch mit einem Freund oder
> einer Freundin darüber.

Um sich erfolgreich abgrenzen zu können, ist es unerlässlich zu
wissen, was uns wichtig und wertvoll ist. *Was* wollen wir eigentlich genau mit der Grenze schützen? Solange wir an diesem Punkt
unklar sind und es nicht in Worte fassen können, lässt sich eine
Grenze nur schwer aufzeigen. Wie sollen wir sie anderen gegenüber kommunizieren?

---

32 Mehr zur Wehrhaftigkeit: vgl. den Abschnitt *Gefahren und Grenzsituationen*,
S. 93ff.

Kommen wir zurück auf das obige Beispiel des Kollegen mit dem übergriffigen Verhalten: Wenn jemand sich Ihnen gegenüber unverschämt verhält, wollen Sie erreichen, dass er dieses Verhalten beendet. Dazu brauchen Sie ein Bewusstsein für den Wert Ihrer Privatsphäre, die durch sein Verhalten möglicherweise beeinträchtigt wird, sowie die Entschlossenheit, diese zu schützen. Eine deutliche Grenze lässt sich kommunizieren, indem man kurz und klar sagt: „Jetzt gehst du zu weit. Lass mich in Ruhe." Oder „Lass mich zufrieden, das geht dich nichts an." Vielleicht finden Sie es im Einzelfall sogar hilfreich, sich dabei einen Zöllner vorzustellen, der dem anderen den Weg versperrt. Die Grenze ist ernstgemeint. Lange Erklärungen oder Diskussionen sind überflüssig, sonst weicht man die Grenze wieder auf.

Die Haltung des (Selbst-)Mitgefühls ist in dieser Situation eine wertvolle innere Unterstützung. Sie bewahrt uns davor, emotional zu heftig zu reagieren, und lenkt die Aufmerksamkeit dahin, wieder die respektvolle Verbindung (*communio*) miteinander zu finden. Denn neben dem Schutz der eigenen Integrität ist es auch ein wichtiges Ziel, dass sich die Beziehung zu dem Kollegen wieder stabilisiert.

7.
GELD

Sila: *„Ich gelobe, mich darin zu üben, nichts zu nehmen, was mir nicht gegeben wird.“*

Mit dieser ethischen Handlungsempfehlung wird angeregt, eine klare ethische Selbstführung hinsichtlich unseres Geldes und unserer materiellen Güter zu kultivieren. Nicht zu nehmen, was nicht gegeben wird, bedeutet konkret: nicht zu stehlen, zu unterschlagen oder etwas durch Täuschung zu erlangen. Es bedeutet auch, darauf zu verzichten, seine Machtstellung in einer Weise auszunutzen, dass andere Menschen oder Tiere und die Natur ausgebeutet werden und man sich auf ihre Kosten bereichert.

Geld dient uns als ein einflussreiches Instrument zur Gestaltung des eigenen Lebens und der Gesellschaft. Dabei ist es eine interessante Erfindung: Es hat keinerlei Eigenwert, sondern immer nur den Wert und die Macht, die wir Menschen ihm geben. Geld ist ein abstraktes Medium, das wir gemeinschaftlich mit geistiger Energie aufladen, indem wir an den Wert, den wir ihm geben, glauben. Dadurch bekommt es seine Macht – oder kann sie wieder verlieren.

Gerade weil der Wert des Geldes so sehr ein Produkt unseres eigenen und kollektiven Denkens ist, eröffnen sich viele Gestaltungsspielräume in alle Richtungen. Sie müssen achtsam und verantwortungsvoll genutzt werden, denn Geld hat ein enormes Potenzial, unser Gewissen zu korrumpieren.

Unsere klare ethische Ausrichtung ermöglicht es, die Macht des Geldes sinnvoll zu nutzen: Wir können es für Produkte ausgeben, die umweltverträglich und unter Beachtung angemessener Löhne für alle Mitarbeiter hergestellt werden. Wir können es jedoch auch für Billigprodukte ausgeben, die unter fragwürdigen ökologischen und arbeitsrechtlichen Bedingungen hergestellt werden. Die Entscheidung, wohin wir den Einfluss unseres Geldes lenken, ist nicht nur eine Frage der eigenen finanziellen Möglichkeiten, sondern auch eine Frage des ethisch verantwortungsvollen Lebensstils.

Bitte reflektieren Sie beim Lesen dieses Kapitels über die folgenden Fragen:

- Was bedeutet mir persönlich Geld? Wie ist meine Beziehung zu Geld?
- Auf welche Weise verdiene ich mein Geld? Wer bezahlt letztendlich dafür?
- Wofür gebe ich mein Geld aus? Wohin lenke ich die machtvolle Energie des Geldes? An wem lenke ich sie vielleicht vorbei?

GEIZ

Eines Tages kam König Pasenadi zum Buddha und erzählte, dass er soeben die gesamte Hinterlassenschaft eines Millionärs in den Königspalast habe bringen lassen. Da der Verstorbene ein Geizkragen gewesen sei, der sich nur von fahler Grütze und grobem Reis ernährt und sich in billige alte Sackgewänder gekleidet habe, sei am Ende seines Lebens ein Berg aus acht Millionen Goldstücken und unzähligen Silberstücken zurückgeblieben. Erben hatte der Alte nicht, und so sei nach seinem Tode das gesamte Vermögen an den König gefallen.

Der Buddha antwortete dem königlichen Freund, dass Geld nicht seine hilfreiche Kraft entfalten könne, wenn man zu geizig sei, es richtig zu gebrauchen. Wenn der fürsorgliche, sinnvolle Gebrauch des Vermögens verpasst werde, etwa, weil man es horte und darauf sitzen bleibe, komme es auf lange Sicht zur Vernichtung des Geldes. Richtig sei es dagegen, sich selbst und andere mit dem erworbenen Geld zu beglücken und zu erfreuen: die Eltern, die Kinder, den Partner beziehungsweise die Partnerin, Mitarbeiter, Freunde und die Gemeinde.

Der Buddha zog einen sehr einprägsamen Vergleich, um den heilsamen Gebrauch von Geld und Vermögen zu erklären: Er vergleicht es mit einem Teich mit klarem Wasser. Dieser Teich liegt nicht etwa unerreichbar in menschenleerer Gegend, sondern in der Nähe eines Dorfes. Er ist schön anzusehen, sehr gut zugänglich und spendet den Leuten reines, kühles Wasser. Sie dürfen teilhaben, davon trinken und darin baden.

Wir müssen das Potenzial von Geld als Werkzeug und Energieträger klar verstehen. Geld bietet viele Möglichkeiten, Gutes zu tun und zu helfen. Ebenso gibt es uns die Macht, rücksichtslos so zu handeln, dass es anderen Menschen, ihren Gemeinschaften, Dörfern, Städten und der Natur schadet. Vielleicht brauchen wir eine Neudefinition von finanziellem Reichtum: Finanzieller Reichtum wird erst dann wertvoll, wenn der Gewinn erzielt wurde, ohne Leiden zu verursachen, und auch andere an den Früchten großzügig teilhaben können. Geiz ist dagegen wie eine Verkrampfung, die mit Angst, Aversion und Orientierungslosigkeit verbunden ist. Geiz blockiert das Mitgefühl und die Kreativität, mit seinem Geld Gutes zu tun.

Als ich einmal mit einer wohlhabenden Frau über Großzügigkeit sprach, entgegnete sie verbittert: „Ich gebe nichts. Mir ist auch nie etwas geschenkt worden. Ich musste mir alles selbst erarbeiten. Mir hat keiner geholfen. Das war hart genug. Warum soll ich jetzt von meinem sauer verdienten Geld etwas abgeben?" Ich habe ihr geantwortet: „Wie wäre es, wenn du dich entschiedest, mit einem Teil deines Geldes für andere hilfreich zu sein und Gutes zu tun, *gerade weil* du es am eigenen Leib erfahren hast, wie schwer es für einen Menschen ohne Geld und Freunde sein kann?"

Ein bekannter Ausspruch des Buddha lautet: „Würden die Wesen die Frucht des Verteilens von Gaben so kennen, wie ich sie kenne, würden sie nichts essen, ohne etwas davon abgegeben zu haben, und der Makel des Geizes würde ihr Herz nicht ganz und gar gefangen nehmen." [33]

---

33 Siehe dazu im Palikanon: Itivuttaka (Sammlung der Aphorismen) 26

GIER

Die Gier treibt uns immer wieder zu falschen Entscheidungen. Sie ist eine der massivsten und gleichzeitig subtilsten Ursachen des Leidens. Ein ethisch integrer Umgang mit Geld braucht daher genaue Kenntnis der eigenen Tendenzen zur Geld- und Machtgier. Gier blockiert jedes Mitgefühl – und mehr noch: Sie leugnet das Leiden, das durch sie verursacht wird.

Die buddhistischen Weisheitslehren beschäftigen sich intensiv mit dem Thema Gier. Sie wird häufig auch als *Begierde* oder *Verlangen* bezeichnet und ist eine geistige Kraft mit vielen Facetten. Sie kann grob und rücksichtslos sein, kennt aber auch Tausende von Schattierungen bis hin zu sehr subtilen Formen, die wir nur mit großer Achtsamkeit, Stille und Hingabe wahrnehmen können. Jede Art von Gier führt zu Unzufriedenheit und Leid – und kann dennoch ein heftiger innerer Antrieb werden, solange wir ihre destruktive Kraft falsch deuten und glauben, dass sie uns Gewinn bringt.

Die Gier wird mächtig, wenn wir nicht wissen, wie wir glücklich sein können. Wir suchen uns über die Erfüllung aller möglichen Wünsche kurzfristige Ersatzbefriedigungen, die sich für einen Moment fast wie Glück anfühlen. Das Problem ist: Aus jeder Begehrlichkeit werden zwei neue geboren. Die Gier wird immer größer.

Die treibende Kraft in der egozentrierten, unheilsamen Gier ist die Vorstellung, dass das, wonach ich greife zum Teil meiner selbst wird: Ich bin, was ich bekomme. Mein sozialer Status steigert sich noch, wenn ich mir die „richtigen" Dinge zulege: Dann bin ich „jemand". Ich gehöre dazu. Das macht mich glücklich …

Nun, in gewisser Weise stimmt dies ja auch: Immer, wenn wir bekommen, was wir haben oder sein wollen, wird das Belohnungszentrum des Gehirns aktiviert, und wir sind ist tatsächlich einen Moment lang froh und glücklich. Nach Ansicht des Bonner Hirnforschers Christian Elger ist die Gier nach Geld bei vielen Menschen angeboren. Der Grund dafür sei das Belohnungszentrum im Gehirn, dessen Aktivierung insbesondere bei vielen Managern zu einem „ungeahnten Wohlbefinden" führe. Die permanente Steigerung der Einnahmenhöhe könne bei Finanzmanagern dazu führen, dass das Belohnungssystem ständig aktiviert werde. Das Gehirn gewöhne sich nicht an diesen Reiz; also gehe es immer weiter, und je mehr Geld verdient wird, desto mehr will man davon.[34]

Das ist gruselig und faszinierend zugleich, oder? Die Geldgier treibt diese Menschen zur Höchstform an. Daher brauchen diese Manager offensichtlich in ihrer Umgebung kontrollierende Mechanismen und nüchterne Teamkollegen (Elger nennt sie „Buchhaltertypen"), damit sie keinen Schaden durch ihre Risikobereitschaft anrichten. Es gibt viel zu viele Beispiele, in denen Top-Manager durch ihre maßlose Gier nach Geld und Status zu hohe Risiken eingehen. Denken Sie beispielsweise an die die erbarmungslosen Unternehmungen zur Ausbeutung der Bodenschätze weltweit. Das Leid, das durch die rücksichtslose Gier und Machtinteressen dabei verursacht wird, ist unüberschaubar: Öl- oder chemikalienverseuchte Gebiete und Meeresgegenden bleiben geplündert zurück; unzählige Menschen und Tiere werden krank; das Ökosystem ist gestört. Solche Investitionsentscheidungen von unbesonnenen, risikofreudigen Managern leugnen das Leiden, das durch diese Art der Rohstoffförderung ausgelöst wird. Stattdessen bestimmt hier die Gier den Umgang mit dem Geld, das investiert und vermehrt werden soll. Wenn aber ein Unternehmen an seine Aktionäre große Dividenden ausschüttet, während bei der Förderung oder der Produktion – an Land oder auf dem Meer – giftige Emissionen den Lebewesen die Luft zum Atmen nehmen und sie elend verrecken, dann ist es so, als ob eine gut situierte Dame mit Niveau ein Doppelleben als kaltblütige Auftragsmörderin führte, um sich auch weiterhin ihren Lebensstil leisten zu können.

---

34 Vgl. Deutschlandradio Kultur, Interview 20.06.2009, www.dradio.de/dkultur/sendungen/interview/985493

Christian Elger hat übrigens eine weitere interessante Beobachtung gemacht. Er weist darauf hin, dass Menschen, deren Gehirn von Geld so deutlich elektrisiert wird, häufig auch über eine ganz außergewöhnlich hohe Visionskraft verfügen. Sie sehen überall Möglichkeiten, etwas aufzubauen. Wie sinnvoll könnte diese kreative Energie genutzt werden, wenn sie durch weise, ethisch integre Selbstführung in Unternehmungen geleitet würde, die allen Lebewesen zugutekommen!

Wenn ein Mensch sich in seinen Entscheidungen stark von den verführerischen Kräften der Gier lenken lässt, steht dahinter ein beachtliches Missverständnis, nämlich die Idee, dass es ihn dauerhaft – oder jedenfalls für möglichst lange Zeit – glücklich machen wird, wenn er bekommt, was er haben oder sein will. Auf emotionaler Ebene tritt bei Erfolg tatsächlich ein kurzes Glücksgefühl ein, das durch die positive neuronale Flutwelle im Gehirn ausgelöst wird. Oft ist es aber auch einfach nur die gefühlte Erleichterung, dass das emotional quälende Verlangen für einen kurzen Moment aufgehört hat, weil es erfüllt wurde. Doch das Tragische an der Geschichte ist, dass die ganze Dynamik in kürzester Zeit wieder von vorne losgeht! Schnell findet sich etwas Neues, was wir als Nächstes haben wollen oder sein wollen: *Ich sollte... Dazu muss ich unbedingt ... Ich brauche mehr ...* Leider bleiben wir dabei unersättlich, das Verlangen wird nur für Momente gestillt.

> *„Selbst nicht, wenn es Gold regnet,*
> *findet das Verlangen Befriedigung."*[35]

Ein weiteres subtiles Missverständnis beruht darauf, dass wir uns intensiv mit den Objekten unserer Begierde identifizieren. Wenn wir bekommen, was wir wollen, verbinden wir damit nicht selten ein Gefühl existenzieller oder sozialer Sicherheit. In mehr oder weniger subtiler Weise legen wir unser Ich-Gefühl und unseren

---

35 Dhammapada 14:186

Selbstwert in das, was wir haben, was wir erreichen und was wir sind: mein Titel, meine Position, meine Partnerin, meine Kinder, mein Haus, mein Boot, mein Auto, mein Geld. Es ist so, als ob sich durch das, was wir haben, unsere eigentliche Existenz erst bestätigte. Wir fühlen uns lebendiger. Doch weil Gier fest mit Leiden verbunden ist, kommen wir sogar, wenn wir sehr viel besitzen, nicht wirklich dadurch zur Ruhe. Denn dann trennen uns nur wenige Gedanken von der Angst, alles wieder zu verlieren.

Oft ist es eine große persönliche Enttäuschung, wenn man nicht bekommt, was man will, oder wenn man etwas ungewollt aufgeben muss – wie es in einer Welt des ständigen Wandels nicht zu vermeiden ist. Es kann sehr schwer sein, loszulassen von etwas, dass ich als *meins* betrachte. Die Angst, dabei einen Teil der eigenen Identität zu verlieren, ist existenziell. Manchmal kann sich ein Verlust wie ein kleiner Tod anfühlen. Die Gier nach den Dingen hält uns gefangen. Sie ist definitiv kein Weg zu Glück und Zufriedenheit.

Kennen Sie die Erfahrung, einfach im Leben geborgen zu sein und Ihren garantierten Platz in der inneren und äußeren Ordnung der Welt zu haben? Viele Menschen in unserer leistungs- und besitzorientierten Kultur sehnen sich genau danach. Es ist die seelische Unterernährung, die uns so gierig und verfressen macht nach immer mehr.

Innere Ausrichtung

Ist alles Streben Gier? Ist jedes Wünschen und Wollen falsch? Nein, nur das gierige Streben, das gierige Wünschen und das gierige Wollen sind ein Fass ohne Boden. Wenn wir das Wort *gierig* weglassen, bleiben einfach Streben, Wünschen, Wollen. Es sind Umschreibungen für die geistige Fähigkeit und Notwendigkeit, in die Zukunft vorauszudenken. Damit können wir Visionen entwickeln und Ziele formulieren. Wir brauchen diese Fähigkeit, um Pläne zu entwickeln und sie in die Tat umzusetzen. Menschen haben das Bedürfnis, die Welt zu erkunden und neue Erfahrungen zu machen. Wir wollen etwas aufbauen oder an sinnvollen, gemeinschaftlichen Tätigkeiten beteiligt sein. Und wir haben den Wunsch nach Wohlergehen und Lebensqualität. Keiner will ein entbehrungsreiches Leben führen. Mit Gier hat all dies nicht viel zu tun. Sondern mit einer klugen Ausrichtung, wohin ich mich entwickeln und führen möchte.

Die umsichtige, ethisch integre innere Ausrichtung basiert auf Weisheit, klarem Denken und Mitgefühl. In den buddhistischen Weisheitslehren wird sie mit *Chanda* bezeichnet: Man richtet sich mit seinem ganzen Lebensstil in einer heilsamen Weise so aus, dass das Handeln aktiv und produktiv, aber nicht rücksichtslos ist. Man trifft Werte-Entscheidungen, entwickelt Visionen und macht Pläne. Aber man hütet sich davor, in die Falle der Gier zu tappen. Die beiden sind nicht immer ganz leicht zu unterscheiden: Gier hat einen etwas zwanghaften Tonus und bringt Unruhe und Disharmonie in den Geist – besonders dann, wenn man *nicht* bekommt, was man will. Dagegen hat eine klare persönliche Ausrichtung einen entspannten Tonus und eine gewisse Leichtigkeit. Man verbindet sich mit seinen Zielen, indem man sich vor ihnen *verneigt* – nicht, indem man sich in sie verkrallt.

In den folgenden Übungen möchte ich Sie einladen, den Unterschied zwischen Gier und innerer Ausrichtung selber zu erkunden. Bitte nehmen Sie sich etwas Zeit und stellen Sie sicher, dass Sie ungestört sind. Schreiben Sie Ihre Beobachtungen auf.

Teil 1

Bitte setzen Sie sich bequem hin und überlegen Sie:

- Wie fühlt es sich genau an, wenn Sie gierig, lüstern, gefräßig oder schwach werden oder unbedingt etwas Bestimmtes haben wollen? Erinnern Sie sich an eine solche Situation in den letzten Wochen? Bitte beschreiben Sie so viele Details dieser Situation, wie Ihnen einfallen. Auch die, die keiner wissen soll.

- Was veränderte sich durch die Gier in Ihrem Körper?

- Welche Gedanken gingen Ihnen durch den Kopf?

- Was versprachen Sie sich davon, falls Sie bekommen sollten, was Sie wollen?

- Haben Sie es tatsächlich bekommen? Wie fühlt es sich an?

- Wie lange dauerte das Wohlbefinden an?

- Wie fühlten Sie sich, als das Wohlbefinden wieder abgeklungen war?

- Falls Sie es nicht bekommen haben: Wie fühlte sich diese Erfahrung an? Wie leicht war es für Sie, darauf zu verzichten?

Lesen Sie sich noch einmal Ihre Antworten durch und entspannen Sie sich dann einige Minuten.

Das Märchen vom Fischer und seiner Frau

Das bekannte Märchen vom Fischer und seiner Frau beschreibt, wie sich aus einem Wunsch eine größenwahnsinnige Gier entwickeln kann. Zugleich beschreibt es, wie langweilig und unattraktiv sich ein Leben gestaltet, das keine Ziele und Visionen hat.

In diesem Märchen gibt es einen Fischer, der für sich und seine Frau ein sehr bescheidenes Auskommen erlangt: Sie wohnen in einer armseligen Hütte, in die es hineinregnet, und jeden Tag gibt es Fisch zu essen. Aber der Fischer ist zufrieden. Als er eines Tages einen Butt fängt, der ihm erzählt, er sei ein verzauberter Prinz, schenkt er ihm das Leben. Dafür hat er

einen Wunsch frei. Doch so recht fällt ihm nichts ein. Er hat
keine Idee. Das Leben in der Hütte genügt ihm.

Als seine Frau von dem Butt hört, weiß sie jedoch sofort,
was sie sich wünscht: ein richtiges Haus, in das es nicht
hineinregnet. Im Gegensatz zu ihrem Mann hat sie ihre
Träume noch nicht vergessen. Mit Entschiedenheit treibt
sie den zögerlichen Fischer an, wieder zurück zum Meer zu
gehen, und den Butt um ein neues Haus zu bitten. Sofort
erfüllt sich der Wunsch.

Doch dann passiert es. Die Frau des Fischers will ab
sofort immer mehr: eine Villa, ein Schloss und dann Königin
sein, Papst sein und schließlich Gott! Sie verliert völlig die
Orientierung. Mit jeder neuen Idee wird ihr Geist mehr
und mehr von der Gier korrumpiert und sie gerät in
einen regelrechten Größenwahn – bis am Ende alles
zusammenbricht und der Fischer und seine Frau wieder
in ihrer armseligen Hütte sitzen. Der wunscherfüllende
Butt aber taucht nie wieder auf.

Ist dieses Märchen ein Lob auf die Bescheidenheit? Ich finde nicht. Der Fischer scheint doch eher stumpfsinnig zu sein. Er ist nicht bescheiden, sondern hat schlicht keine Ideen. Er lebt von einem Tag auf den anderen. Aber er ist kein Heiliger oder Bohemien, der das Leben am Strand genießt und dabei gut für sich und sein Frau sorgt. Meiner Ansicht nach ist er ebenso orientierungslos wie seine Frau. Er zeigt keine positiven Werte oder Ziele.

Was glauben Sie, wie die Geschichte ausgegangen wäre, wenn der Fischer und seine Frau sich Zeit gelassen, gemeinsam gründlich nachgedacht und eine Idee für ihr Leben gefunden hätten, bei deren Umsetzung Ihnen der Butt geholfen hätte?

POSITIVE ORIENTIERUNG

Wie können wir in unserem Bewusstsein und unserem persönlichen Verhalten den ethischen Umgang mit Geld fördern? Solange wir unserer eigenen Gier gehorchen, bleiben wir ihr Zirkushund. Sie hält uns ein Leckerchen hin – und wir hüpfen hoch. Gier verschafft uns zu viel scheinbare Bestätigung im Leben, als dass wir sie einfach aufgeben. Wenn wir wirklich etwas daran verändern wollen, braucht unser Geist eine starke innere Kultur. Zu dieser inneren Kultur der Nicht-Gier zählen die Kunst des Verzichtens, der Fürsorglichkeit und der Großzügigkeit. Sie sind eine wirksame Medizin gegen die Gier und unterstützen in wertvoller Weise die ethische Selbstführung.

Verzicht und Fürsorglichkeit

Die Kunst des Verzichtens ist essenziell. Verzichten kann man auf alles, was nicht heilsam ist, weil es Leid für einen selbst, für andere Lebewesen oder die Natur bringt. Menschen brauchen echte Nahrung für Körper, Herz und Geist. Eine Haltung des Verzichts zu kultivieren bedeutet, sich nicht von den Dingen mitreißen zu lassen. Sie ist eine direkte Gegenkraft zur Gier. Man bleibt klar in einer Haltung der inneren Fülle, Verbundenheit und Lebensfreude verankert, sodass die Gier uns nicht in den Größenwahnsinn treibt wie in der Geschichte von dem Fischer und seiner Frau. Ein einfacher Lebensstil kann eine große Erleichterung sein. Denn er ist vor allem eins: unkompliziert.

Der Buddha war keineswegs ablehnend gegenüber Geld und Wohlstand. Nur Nonnen und Mönche sind angewiesen, einen asketischen Lebensstil kultivieren. Für alle anderen gilt diese Ordensregel nicht. Im Gegenteil: Soweit es einem persönlich möglich ist, muss man sich um sein Wohlergehen und dass seiner Familie kümmern. Dieser Unterschied wird manchmal übersehen und führt zu dem Irrglauben, dass ein buddhistischer Lebensstil bedeutete, ein asketisches Leben zu führen. Doch geht es nicht darum, mit der Kunst des Verzichtens die Askese zu idealisieren. Der karge Lebensstil kann merkwürdig verdreht wirken, wenn eigentlich Lebensangst oder Selbstvernachlässigung dahinterstehen. Ein Lebensstil, der vermeintlich einfach und bedürfnislos ist, kann sich bei näherer Betrachtung als Abwehrhaltung und Rückzug vom Leben entpuppen. Hinter dem vermeintlichen Verzicht versteckt sich eher Selbstvernachlässigung. Und die ist keineswegs unkompliziert, wie auch schon Prinz Siddhartha am eigenen Leib erfahren musste.

Seine Lebensgeschichte erzählt davon, wie er sich – noch bevor er zum Buddha wurde – einem kleinen Trupp von strengen Wanderasketen angeschlossen hatte. Die Männer waren enschlossen, ihren Körper und alle Bedürfnisse durch Willenskraft zu bezwingen. Der Legende nach hungerte Siddhartha seinen Körper so sehr aus, dass man seine Wirbelsäule durch die Bauchdecke ertasten konnte. Abgemagert und heruntergekommen brach er schließlich entkräftet zusammen und blieb wie betäubt am Boden liegen. Er wäre wahrscheinlich gestorben, wenn nicht eine junge Frau namens Sujata aus dem nahe gelegenen Dorf vorbeigekommen wäre. Sie sah den ohnmächtigen, ausgemergelten Asketen, dessen Mahlzeiten nur aus wenigen Reiskörnern am Tag bestanden hatten. Sein extremer Verzicht auf Nahrung hatte ihn in einen erbärmlichen Zustand versetzt. Ruhig und mit großem Mitgefühl setzte Sujata sich zu ihm und kümmerte sich fürsorglich um ihn. Sie gab ihm süßen Milchreis, den er nun nicht mehr verweigerte, und nach einiger Zeit kam er wieder zu Kräften.

Diese Geschichte erinnert daran, dass weder extreme Willenskraft noch allein Verzicht und Entsagung zu Glück und Zufriedenheit führen. Mitgefühl und Fürsorglichkeit sind ebenso entscheidend. Diese sollten sich auf unser eigenes Wohlergehen ebenso richten wie auf das der anderen Lebewesen: Was nährt uns wirklich? Was stärkt uns? Niemand kann nur von ein paar Reiskörnern am Tag leben. Dagegen ist Milchreis ein Symbol für

Stärke (Reis) und genährt werden (Milch): ein einfaches, doch sehr schmackhaftes und sättigendes Essen. Darauf sollte man nicht verzichten.

ÜBUNG

Bitte nehmen Sie sich nun wieder etwas Zeit und erstellen Sie zwei Listen. In die erste schreiben sie, was Sie wirklich nachhaltig nährt, wovon Sie zehren können. In der zweiten listen Sie das auf, worauf Sie in Ihrem Leben als Erstes verzichten können. Schauen Sie sich anschließend die beiden Listen an. Was fällt Ihnen auf? Welche Liste ist länger? Welche Konsequenzen Sie daraus? Bitte sprechen Sie mit einem Freund oder einer Freundin darüber.

Großzügigkeit

Der Zen-Meister Ryokan führte ein höchst einfaches Leben in einer kleinen Hütte am Fuße eines Berges. Eines Abends, als Ryokan seine Hütte für einen Spaziergang verlassen hatte, kam ein Dieb. Doch musste er feststellen, dass es in der Hütte nichts zu stehlen gab. In diesem Moment kehrt Ryokan zurück und erwischte den Dieb. „Vielleicht bist du einen weiten Weg gekommen, um mich aufzusuchen" sagte er zu dem Herumtreiber, „und solltest nicht mit leeren Händen fortgehen. Bitte nimm meine Kleider als Geschenk." Der Dieb war verwirrt. Er nahm die Kleider und schlich sich fort. Ryokan saß nackt da und schaute in den Mond. „Armer Kerl", sinnierte er, „ich wünschte, ich könnte ihm diesen wunderschönen Mond geben."[36]

---

36 J. Kornfield und Chr. Feldman, Das strahlende Herz der erwachten Liebe, S. 309

In den buddhistischen Weisheitslehren gehört Großzügigkeit (*Dana*) zu den menschlichen Qualitäten, die besonders intensiv kultiviert werden. Geist und Herz wachsen daran. Großzügigkeit drückt sich in einer offenen Haltung des Gebens und Empfangens aus. Man lässt andere an den eigenen Ressourcen teilhaben und macht sich selber empfänglich für die Großzügigkeit anderer Menschen. Ohne notwendigerweise eine direkte Gegenleistung für das eigene Geben zu erwarten.

Großzügigkeit wird kultiviert, indem man beispielsweise:

- von seinem Geld abgibt und andere teilhaben lässt,
- angemessene Löhne bezahlt,
- angemessene Preise bezahlt,
- Wohnraum, den man nicht benötigt, zur Verfügung stellt,
- andere an seiner Erfahrung und Kompetenz teilhaben lässt,
- einem anderen Menschen aufmerksam zuhört und ihm seine Zeit schenkt,
- das Herz öffnet,
- Gefühl zulässt,
- ein konstruktives Feedback gibt.

Die Möglichkeiten, sich in Großzügigkeit zu üben, sind vielfältig. Dazu gehören auch verschiedene weitere Aspekte wie Nachsicht, Toleranz und Vergebung. Dana ist die Gegenkraft zu Geiz, Knickrigkeit, Engstirnigkeit und Groll. Wer großzügig ist, versteift sich nicht mehr so schnell in einen inneren Zustand. Man bleibt in Herz und Geist geschmeidig und kooperativ mit anderen. Großzügigkeit wird zu einer vollkommen natürlichen Haltung, wenn wir die Welt aus der Perspektive der Verbundenheit und des Mitgefühls sehen. Die rechte Hand gibt der linken, was sie braucht.

Wenn wir uns nur zögerlich für den Fluss des Gebens und Empfangens öffnen, beruht dies meistens auf Zweifeln. Diese Zweifel können sich beispielsweise darin äußern, dass man:

- sich nicht sicher ist, warum man etwas geben sollte,
- nur Dinge aus seinem Besitz verschenkt, die man sowieso nie richtig mochte,
- es anschließend bedauert, etwas gegeben zu haben.

Zögern und Zweifel sind normal. Bei der Übung der Großzügigkeit achtet man sehr genau auf das Zögern oder Bedauern, um die Motive dafür zu erkennen: Hält der Geist aus Gewohnheit und Geiz an den Dingen fest oder gibt es einen guten Grund dafür? Manchmal hält man an bestimmten Dinge fest, weil man sie besonderes wertschätzt, und aus gesunder Selbstfürsorge.

Schließlich ist es auch von Bedeutung, wer der Empfänger unserer Großzügigkeit ist. Wenn man eine größere Menge Geld spendet, ist selbstverständlich genau zu überprüfen, ob der Empfänger vertrauenswürdig ist. Großzügigkeit bedeutet nicht, sich ausnehmen zu lassen.

In der Bewältigung des Alltags steht dem großzügigen Geben ein weiterer positiver Wert gegenüber: Sparsamkeit – der wirtschaftliche Umgang mit Geld und den eigenen Ressourcen. Es ist niemandem gedient, wenn wir alles verschenken oder verschwenden und Schulden machen. Insolvenz und Armut sind durchaus reale Gefahren. Aktuelle Forschungsergebnisse deuten darauf hin, dass Kaufsucht sich zu einer regelrechten Volkskrankheit entwickelt.[37] Diese Art des verschwenderischen Geldausgebens hat nichts mit Großzügigkeit zu tun. Hinter der Verschwendung können Kummer, Angeberei, Einsamkeit oder andere emotionale Schwierigkeiten stehen. Wer bemerkt, dass er beginnt, den Überblick über sein Geldressourcen zu verlieren, sollte sich definitiv nicht weiter darin üben, großzügig Geld auszugeben, sondern Sparsamkeit praktizieren. Sonst fügt er sich Schaden zu.

---

37 Das ergab eine Studie von Konsumforschern um Lucia Reisch, Professorin für Konsumverhalten und Verbraucherpolitik an der Zeppelin Universität in Friedrichshafen am Bodensee. Quelle: www.heute.de/Kaufsucht-entwickelt-sich-zur-Volkskrankheit-25927346.html

Der Buddha war sehr pragmatisch, was den Umgang mit Geld anging. Er empfahl, sehr klug und besonnen mit seinem Geld zu wirtschaften, so dass ein kleinerer Teil für die Kosten des täglichen Lebensbedarfs zurückgehalten wird und ein größerer Teil für die Weiterentwicklung des Geschäfts, der beruflichen Fähigkeiten und die Bildung von Rücklagen. Falls noch mehr Geld da sei, solle dies für soziale Zwecke eingesetzt werden.[38]

Wie sich unsere Beziehung zu Geld ändert, wenn nicht mehr innerer Mangel, sondern innerer Reichtum das Herz erfüllt, beschreibt die folgende Geschichte: Anette erzählte mir, dass sie vor vielen Jahren als Studentin recht einfach leben musste. Sie träumte häufig davon, eines Tages auf der Straße ein dickes Portemonnaie mit viel Geld darin zu finden. Was würde sie nicht alles mit diesem Geld machen! Sie hatte zu jener Zeit oft das Gefühl, dass es ihr an so vielem mangelte, und einsam fühlte sie sich auch. Jeden Tag hielt sie Ausschau nach diesem „Schatz". Sie hatte sich ausgemalt, wie sie das Portemonnaie klammheimlich einstecken und nach Hause bringen würde. Nur leider passierte das nie.

Eines Tages dann, endlich! Sie sah vor sich auf dem Gehweg ein Leder-Portemonnaie. Gerade wollte sie es aufheben, als ihr jemand zuvorkam und das ganze Geld einsteckte! Das konnte doch nicht wahr sein! Nach dieser Enttäuschung gab sie den Traum vom Schatz auf. Sie hatte sich wie eine Bettlerin gefühlt. In den nächsten Jahrzehnten widmete sie sich intensiv ihrem Berufs- und Familienleben und dachte nur noch ganz selten an den Traum.

Im vergangenen Jahr entdeckte Anette wieder ein Portemonnaie. Diesmal lag es auf einem Parkplatz. Als sie sich umschaute, stellte sie fest, dass kein anderer Mensch in der Nähe war. Sie sagte, es sei erstaunlich gewesen, wie ruhig sie nun die Geldbörse aufnahm. Ihre erste Regung sei Bedauern gewesen: „Oh, da hat jemand sein Geld verloren!". Sie habe die Börse geöffnet, und gerufen: „Wow! Über 300 Euro!" Es habe aber nicht mehr den geringsten Impuls

---

38 Vgl. P.A. Payutto, Buddhistische Ökonomie, S.124

gegeben, das Geld einzustecken. Die Eigentümerin habe sich dann sogar schnell finden lassen: eine junge Mutter, die in einem nahe gelegenen Laden einkaufte und müde aussah. Beide strahlten, als Anette ihr das Portemonnaie zurückgeben konnte.

Die persönliche Beziehung zu Geld

Bislang haben wir uns mit allgemeinen, grundsätzlichen Fragen der inneren Haltung zu Geld beschäftigt. Nun bitte ich Sie, das Thema Geld noch etwas persönlicher zu untersuchen und achtsam zu erforschen, wie Ihre eigene Beziehung zu Geld ist. Für die buddhistische Praxis ist das Thema Geld ein hervorragendes Übungsfeld, da es viele Ansatzpunkte bietet, seinen Geist zu schulen und alte Überzeugungen und Glaubenssätze zu überprüfen. Für manchen kommt dabei vielleicht seine Abneigung gegen Geld auf den Prüfstand, für andere die Frage, wie man eigentlich wirklich gut für sich und andere sorgt.

Glaubenssätze bestimmen unser Denken, Reden und Handeln. Glaubenssätze sind Sätze, die man im Laufe seines Lebens irgendwo gehört und zu seiner eigenen Überzeugung gemacht hat. Oft entstehen sie auch aus Schlussfolgerungen, die man für sich gezogen hat, und nicht mehr hinterfragt. Hinter vielen allgemeinen Redensarten stecken Glaubenssätze wie beispielsweise „Zeit ist Geld". Jeder hat aber auch seine ganz persönlichen, oft nur halb bewussten Glaubenssätze wie „Mit Geld kann ich mir alles kaufen." Machen Sie sich klar: Was wir über Geld denken und glauben, hat maßgebliche Auswirkungen darauf, wie wir damit umgehen. Das gilt selbst dann, wenn wir uns der einzelnen Gedanken und Glaubenssätze gar nicht ganz bewusst sind.

Bitte verschaffen Sie sich zunehmend Bewusstsein für Ihre eigenen tieferen Überzeugungen in Bezug auf Geld und was es für Sie persönlich bedeutet, denn die ethische Selbstführung setzt genau hier an: bei den geistigen Wurzeln unseres Handelns.

Es gibt unzählige Überzeugungen in Bezug auf Geld. Kommen Ihnen einige der folgenden Überzeugungen vertraut vor?

- Geld ist Erfolg.
- Geld macht glücklich.
- Wer Geld hat, hat auch Vertrauen.
- Über Geld spricht man nicht.
- Geld stinkt. Geld ist dreckig. Wenn man es angefasst hat, sollte man sich anschließend die Hände waschen. Geld nimmt man nicht in den Mund.
- Geld verdirbt den Charakter.
- Alle Reichen sind korrupt.
- Reichtum macht einsam.
- Geld ist die Wurzel allen Übels.

ÜBUNG

Bitte überlegen Sie nun, welche Überzeugungen Ihr Verhältnis zu Geld prägen. Experimentieren Sie mit der folgenden Übung, die manchmal überraschende Selbsterkenntnisse zutage bringt:

Bitte schreiben Sie spontan auf, was Sie über Geld denken. Listen Sie mindestens zwölf Ihrer Überzeugungen auf, schreiben Sie, ohne viel zu überlegen. Jeder Gedanke darf unzensiert zu Papier gebracht werden! Bitte vervollständigen Sie nun zwölf Mal den Satz „Geld ist für mich …".

Lesen Sie anschließend die Liste durch. Was überrascht Sie? Worüber können Sie lachen? Was macht Sie nachdenklich? Sprechen Sie mit einem guten Freund oder einen guten Freundin darüber.

Umdenken

Unsere Überzeugungen zum Thema Geld können wir bewusst verändern, wenn sie nicht heilsam und fürsorglich sind für uns selbst und andere. Doch sollte eine Veränderung behutsam und nach ausreichender Überlegung stattfinden. Die Erkenntnis-Grundlagen, die in Kapitel 2 beschrieben sind, sind essenziell. Wenn wir sie vernachlässigen, landen wir möglicherweise trotz einer gedanklichen Neuausrichtung bald wieder im Griff der eigenen Gier oder Angst. Daher ist es sinnvoll, sich tief vertraut zu machen mit den Gesetzen von Wandel und Interdependenz, denen auch das Geld unterliegt, sowie dem Bewusstsein dafür, was Leiden bedeutet und wie viel Leiden durch die Macht des Geldes ausgelöst – oder auch gelindert – werden kann. Schließlich bringt uns dann die wohlwollende Haltung des Mitgefühls und der Fürsorglichkeit auf die Spur, wie ein verantwortungsvolles Verhältnis zu Geld aussehen könnte.

Sind wir in den ethischen Erkenntnis-Grundlagen gut verankert, können wir als Nächstes überlegen, welchen Rang für uns das Geld im Verhältnis zu anderen wichtigen Werten einnehmen soll. Einige sehr wertvolle menschliche Qualitäten haben wir auch in diesem Buch angesprochen: Großzügigkeit, Taktgefühl, Freude an persönlicher Entwicklung, Vertrauen, Treue, Freundschaft, Gelassenheit, Liebe, Freiheit… Welchen Stellenwert wollen Sie Geld im Verhältnis zu diesen menschlichen Qualitäten einräumen? Die folgende Übung kann behilflich sein, diese Werte zu sortieren.

ÜBUNG

Versuchen Sie Folgendes: Nehmen Sie ein großes Blatt Papier und schreiben Sie darauf menschliche Qualitäten, die Ihnen viel bedeuten, und alles, was Ihnen sonst noch wichtig und wertvoll ist. Lassen Sie sich Zeit dabei. Sie können quer über das Papier verteilt einzelne Worte aufschreiben, gerne auch in unterschiedlicher Größe, je nachdem, wie wichtig Ihnen die Qualität ist. Spielen Sie mit den Begriffen frei auf dem Papier, bis alles eine stimmige Ordnung gefunden hat. Lassen Sie sich dabei von Ihrer inneren Weisheit leiten, auch wenn der Verstand gelegentlich protestieren sollte. Dann ergänzen Sie das Wort „Geld".

Wenn Sie fertig sind, schauen Sie sich das Papier an: Wie groß sind die einzelnen Begriffe geschrieben und wie viel Raum nehmen sie ein? Wie verteilen sie sich auf dem Papier? Gibt es eine Rangfolge? Wo befindet sich das Geld? Warum? Hatten Sie dieses Ergebnis erwartet?

Bitte sprechen Sie mit einem guten Freund oder einer Freundin über Ihre Beobachtungen oder schreiben Sie sie für sich auf.

Wie lassen sich Überzeugungen, die man für sich als falsch erkannt hat, konkret verändern? Schritt eins haben Sie bereits getan. Er besteht darin, dass man beginnt, ein Bewusstsein für die bestehenden Glaubenssätze über Geld zu entwickeln.

Mit Schritt zwei entscheidet man sich dafür, nicht mehr länger an solchen Glaubenssätzen festzuhalten, die man als wenig hilfreich oder sogar als destruktiv erkannt hat. Loslassen bedeutet, dass man *aufhört, ihnen Glauben zu schenken*. Man entzieht ihnen den Wert. Sie waren ein gedanklicher Irrtum, an den man sich emotional gebunden hatte. Bitte übersehen Sie bei diesem Schritt nicht, dass er oft mit einigen überraschenden Emotionen verbunden ist: vielleicht Trauer oder Wut, dass man sich solange aufgrund einer falschen Überzeugung eingeschränkt oder egoistisch gehandelt hat, vielleicht eine Verunsicherung, ob das wirklich sein kann, oder auch Freude und ein leichter Rausch, endlich die bisher unsichtbare Fessel gelöst zu haben.

Die gewonnene Freiheit kann nun genutzt werden, um sich mit Besonnenheit wieder neu auszurichten. Bitte denken Sie genau nach, welche innere Haltung Sie in Bezug auf Ihren Umgang mit Geld stärken wollen. Diese sollte in jedem Fall ein ethisch integres Handeln bestärken! Und das Thema Geld sollte in Beziehung zu anderen wichtigen Themen in Ihrem Leben einen angemessen Stellenwert bekommen: also nicht zu bedeutend, aber auch nicht zu unbedeutend. Einfache Sätze, die Sie in einem verantwortungsbewussten und fürsorglichen Umgang mit Geld unterstützen, sind zum Beispiel:

- Geld ist mir willkommen. Es ermöglicht mir, gut für mich und meine Familie zu sorgen.
- Mein Seelenfrieden ist mir wichtiger als ein schneller Gewinn.
- Geld ist mein Diener. Ich richte mich darauf aus, es in verantwortlicher Weise einzusetzen.
- Geld ist mir nicht willkommen, wenn es durch das Leid anderer Lebewesen erwirtschaftet wurde.

Wie wollen Sie Ihre zukünftige Einstellung zu Geld selber formulieren?

Der ethische Umgang mit Geld erfordert die innere Klärung jedes Einzelnen. Denn Geld hat einen starken Machtfaktor, mit dem wir jeden Tag verantwortungsbewusst umgehen müssen, um nicht Produktionsweisen und Marktstrukturen zu unterstützen, die gnadenlos die Ausbeutung von Menschen, Tieren und Natur erzwingen.

Egal ob man unternehmerisch tätig ist, selbständig arbeitet, angestellt ist oder gar nicht arbeitet – wenn wir einen ethisch integren Lebensstil kultivieren wollen, stehen vor allem zwei Fragen im Mittelpunkt:

1. Wodurch verdiene ich mein Geld? Woher kommt es?
2. Wofür gebe ich es aus? Wohin geht es?

Der einfache buddhistische Grundsatz des *Rechten Lebenserwerbs* schließt es aus, sein Geld mit Tätigkeiten zu verdienen, bei denen andere Wesen zu Schaden kommen. Daher sind bestimmte Formen des Gelderwerbs aus Sicht der buddhistischen Ethik grundsätzlich nicht vertretbar: Dazu zählt Waffenhandel, Geschäfte mit giftigen Substanzen oder das Schlachten von Tieren. Doch das Dilemma ist: Die Produktionen und Dienstleistungen sind heutzutage so eng und unüberschaubar verflochten, dass es sich oft gar nicht eindeutig feststellen lässt, ob das Unternehmen, für das man arbeitet, indirekt auch an Waffengeschäften beteiligt ist. Häufig gibt es auch unterschiedliche Produktionssparten, und nur eine davon betrifft ethisch nicht vertretbare Produkte. Vor dem gleichen Problem steht man, wenn man in Aktien investieren will. Es ist kaum überschaubar, womit genau die Unternehmen Geld verdienen, wie die Arbeitsbedingungen sind und ob unnötig Leiden verursacht wird. Es ist eine persönliche ethische Entscheidung, ob man sich trotzdem darauf einlässt. Doch bevor Sie investieren, lesen Sie bitte noch einmal in diesem Kapitel den Abschnitt über Gier.

Für die Zukunft ist es von großer Bedeutung, dass weltweit auch Entscheidungsträger, Manager und Politiker aus echter Überzeugung die Weichen für „Ethical & Caring Economics", also ethisch motiviertes Wirtschaften, stellen, sodass Mitgefühl, Nachhaltigkeit, der schonende Umgang mit Ressourcen und menschenwürdige Arbeitsbedingungen einen deutlich höheren Stellenwert haben als jeder kurzfristige Gewinn.

Buddhistische Ethik unterstützt das Ziel einer weltweiten ökonomischen Neuorientierung. Menschen müssen durch wirtschaftliches Handeln nicht nur in die Lage gebracht werden zu überleben, sondern ihr volles Potenzial zu entfalten und ein erfülltes Leben zu führen. Diese Vision, die von der Erkenntnis ausgeht, dass wirklich niemand leiden will und deshalb für alle Lebewesen bestmöglich zu sorgen ist, erfordert einen grundlegenden Wandel der Werte-Ordnung von Wirtschaft und Politik. Das alte Denken in den Kategorien von Beherrschung, Ausbeutung und von

Gewinnmaximierung als oberster Maxime muss (und kann) sich wandeln in ein neues, kooperatives Denken, das Gemeinsinn, Verantwortung, Kreativität und Mitgefühl in den Mittelpunkt stellt.

Ethischer Wertewandel in der Wirtschaft bedeutet ebenfalls, tiefen Respekt im Umgang mit der Natur zu entwickeln. Die Natur existiert nicht, um von Menschen ausgebeutet zu werden. Vielmehr ist unsere eigene Existenz untrennbar mit ihr verwoben. Die Tatsache der existenziellen Interdependenz wird oft vergessen oder nicht ernst genommen. Doch sie ist elementar für alle Fragen des ökonomischen Handelns. Die Pflege und Erhaltung der Natur muss daher in jeglichen wirtschaftlichen Erwägungen berücksichtigt werden.

Darüber hinaus stehen Wirtschaftssysteme auch in wechselseitiger Abhängigkeit mit den Kulturen, die sie tragen. Sie sind Ausdruck einer Kultur und ihrer Werte. Wirtschaftliches Handeln soll der Gesellschaft und den Menschen dienen. Derzeit ist jedoch eher das Gegenteil zu beobachten: die Gesellschaft dient der Wirtschaft.

Wie prägt die intensive Leistungserwartung unsere Persönlichkeit und unseren Lebenslauf? Wem dient sie? Wo bleibt unser kostbares menschliches Potenzial, das sich danach sehnt, sich voll zu entfalten? Ein glückliches Leben kommt nicht nur durch eine 40-Stunden-Woche im Büro zustande. Vielmehr fühlen sich die meisten Menschen glücklich, wenn sie Sinn, Verbundenheit, Liebe und Kreativität spüren und ausleben können. Und wenn sie das Gefühl haben, für sie ist gesorgt und sie sorgen für jemand anderen.

Wir halten nicht nur als Individuen an unseren Überzeugungen und Glaubenssätzen fest, sondern auch als kulturelle Gesellschaften mit ihren Wirtschaftsordnungen. Die derzeit herrschende, weitgehend rücksichtslose Wirtschaftsordnung erneuert sich immer wieder aus unserer Art zu Denken und den dahinterstehenden Überzeugungen. Solange wir dieses uralte, dominanzorientierte Denken, das die Welt in vertikale Strukturen ordnen will, nicht in Frage stellen, können wir keine neue Wirtschaftsethik entwickeln. Wir würden immer wieder die gleichen Fehler machen, weil wir in ein rigides Glaubenssystem verstrickt sind, das sich an den Qualitäten von Dominanz und Beherrschung orientiert. Aus der Perspektive der Neurowissenschaften beruht dieses Denken vor allem auf unseren Leistungs- und Verteidigungssystemen im Gehirn, die uns aktivieren, auf Anreize und Gefahren zu reagieren.

Wir brauchen eine geistige Haltung, die Altbekanntes beiseitestellt und sich mutig öffnet für eine innovative, unvoreingenommene Art des Denkens. Damit öffnen wir uns für neue kulturelle und wirtschaftspolitische Möglichkeiten, die so zuvor nicht erkannt worden sind. Um zukünftige Entwicklungen, die schon als Möglichkeit vor uns liegen, wahrnehmen zu können, brauchen wir vor allem eins: die Klarheit des Forschergeistes[39]. Er ist wach, agil, interessiert, sensibel, intelligent und unangepasst. Mit dieser inneren Freiheit lässt sich leichter spüren, welcher Entwicklungsschritt heranreifen und umgesetzt werden kann. Sehr kreativ wird dieser Prozess, wenn mehrere Menschen mit diesen geistigen Fähigkeiten (die sich übrigens trainieren lassen) zusammenkommen.

Wenn man unsere Kultur und Wirtschaft genauer untersucht, wird man vor allem auf eins aufmerksam: Es gibt eine große Unausgewogenheit zwischen dem, was stereotyp als „männlich", und dem, was als „weiblich" bezeichnet wird. Jeder Mensch ist mit den Qualitäten und Fähigkeiten beider Art ausgestattet, doch in unserer bestehenden Werteordnung werden die sogenannten männlichen Qualitäten wesentlich höher bewertet und bezahlt: Kraft, Mut, Risikobereitschaft, Durchsetzungsvermögen, Leistung. Sogenannte weibliche Qualitäten dagegen zählen in der Öffentlichkeit bisher nicht viel: Friedfertigkeit, Fürsorglichkeit, Einfühlungsvermögen, Erziehung und Pflege anderer Menschen, und auch die Versorgung mit körperlicher, geistiger, emotionaler Nahrung. Diese sogenannten weiblichen Qualitäten sind für ein Menschenleben und jede Kultur essenziell. Doch erstaunlicherweise finden sie in unserem

---

39 Vgl. dazu den Abschnitt *Forschergeist und Informationsstaubsauger* in Kapitel 3

öffentlichen Wirtschaftsleben nur sehr wenig Anerkennung und Wertschätzung. Wie schon bei Prinz Siddhartha dominiert das Prinzip der Leistung und Beherrschung. Siddhartha hätte sich mit seinem äußerst rigiden, willensstarken Leistungsanspruch bei seiner Suche nach Erleuchtung fast selbst umgebracht. Er geriet völlig aus dem Gleichgewicht. Erst als er ohnmächtig kollabierte, war er bereit, sich von der jungen Frau Sujata mit süßem Reis nähren zu lassen.[40] In unserer leistungs- und angstorientierten Gesellschaft gibt es immer mehr Menschen, die mit sogenannten Burn-out-Symptomen kollabieren. Inzwischen erleben wir sogar, dass ganze Staaten vor dem Zusammenbruch stehen.

Stellen Sie sich vor, unsere Kultur und Wirtschaftsordnung nähme die sogenannten weiblichen Qualitäten tatsächlich ernst und räumte ihnen wirklich den angemessenen Platz und Wert ein, der ihnen für das Überleben von Natur, Mensch und Unternehmen gebührt. Stellen Sie sich vor, Fürsorge und Mitgefühl würden wichtige Parameter für das wirtschaftliche Handeln. Jede potenzielle Führungskraft würde im Assessmentcenter darauf überprüft, welches Maß an Wohlwollen und welche Fähigkeit an Fürsorglichkeit sie mitbringt? Soziale Neurowissenschaftler würden wahrscheinlich sagen: „Endlich!" Denn wir alle sind nicht nur mit Leistungssystem und einem Verteidigungssystem im Gehirn ausgestattet, sondern auch mit einem exzellenten Fürsorge-(Caring-)System veranlagt, das durch Erziehung, Nutzung und Training ausgebildet werden kann. Es ist die dritte große Kraft, zu der Frauen und Männer gleichstark in ihren Gehirnen veranlagt sind. Unsere Gesellschaft hat bisher nicht verstanden, welche überaus wichtige Bedeutung die mitfühlende und fürsorgliche Haltung *auch außerhalb* der Familie hat. Dies ist der Irrtum, der uns über die Jahrhunderte immer wieder hat glauben lassen, dass Mitgefühl und Fürsorge ins Haus und in die Familie gehörten und Angelegenheit der Frauen sei, während Leistung und Kampf gegen Gefahren

---

40 Vgl. die Geschichte im Abschnitt *Verzicht und Fürsorglichkeit* in diesem Kapitel, S.129ff.

außerhalb des Hauses stattfänden und Aufgabe der Männer seien. Es ist buchstäblich so, als hätten wir unsere eigenen Gehirne gespalten, und diese Trennung verzerrt unsere Perspektive auf eine Welt, die sich nicht trennen lässt. Die Aufgabe der Zukunft wird es sein, den Schatz des Mitgefühls, das neuronal in unserem Caring-System verankert ist, für Wirtschaft und Gesellschaft zu entdecken. Damit wird ein grundlegend neues Denken und Handeln entstehen.

NACHWORT

Vor vielen Jahren fragte mich mein damals dreijähriger Sohn, als ich ihn abends ins Bett brachte: „Mama, … wie stirbt man eigentlich gut?"

Ich schaute ihn überrascht an. Die Frage hatte ich nicht erwartet. Wir schauten uns beide eine Weile an, ohne etwas zu sagen. Ich hatte nicht die leiseste Ahnung, wieso er mir plötzlich diese Frage gestellt hatte. Doch in seinen braungrünen Augen sah ich, dass es ihm ernst war.

Während ich überlegte, was ich antworten sollte, schossen mir unzählige Theorien und Konzepte durch den Kopf. Es wurde immer komplizierter. Bald konnte ich keinen klaren Gedanken mehr fassen. Mein Verstand kapitulierte. Die Frage war ein Koan.

Mein Herz fand die Worte, die ich ihm antwortete: „Weißt du, ich denke das geschieht, indem wir gut leben."

Daraufhin lächelte mein Sohn und spielte mit seinen Fingern. Kurze Zeit später schlief er ein.

LITERATUR

Bandelow, Borwin: *Wer hat Angst vorm bösen Mann. Warum uns Täter faszinieren.* Rowohlt Verlag, Reinbek 2013

Schiekel, Dr. Munish B. (Hrsg.): *Dhammapada – die Weisheits-lehren des Buddha.* Herder Verlag, Freiburg im Breisgau 1998

Heß, Hans (Hrsg.): *Erzählbar. 111 Top-Geschichten für den professionellen Einsatz in Seminar und Coaching.* managerSeminare Verlags GmbH, Bonn 2011

Kornfield, Jack/Feldman, Christina (Hrsg.): *Das strahlende Herz der erwachten Liebe. Weisheitsgeschichten aus aller Welt.* Arbor Verlag, Freiamt 1991

Kulbarz, Vimalo: *Der Dharma* für den Westen. Roseburger Schriftenreihe, Band 4, Roseburg 2005

Lehrreden des Buddha aus der Mittleren Sammlung (Majjhima Nikāya). Übersetzung von Kay Zumwinkel, Jhana Verlag, Oy-Mittelberg 2001 (Überarbeitete Neuauflage Oktober 2012)

Payutto, Prayudh A.: *Buddhistische Ökonomie: Mit der rechten Absicht zu Wohlstand und Glück.* Fischer Media, Bern 1999

Ricard, Matthieu: *Glück.* Droemer Knaur Verlag, München 2009

Ricard, Mattieu: Das *Licht Tibets. Leben und Welt des spirituellen Meisters Khyentse Rinpoche.* Übersetzung von Sabine von Minden, Zweitausendeins Verlag, 1. Aufl. 1998

Sogyal Rinpoche: *Das tibetische Buch vom Leben und vom Sterben.*
O.W. Barth Verlag, Bern/München/Wien 1994

Spitzer, Manfred: *Lernen – Gehirnforschung und die Schule des Lebens.* Spektrum Akademischer Verlag, Heidelberg 1. Aufl. 2006 (Nachdruck 2011)

**Wir danken für die Abdruckgenehmigungen
aus den folgenden Werken:**

S. 20 f. aus: Heß, Hans (Hrsg.), *Erzählbar. 111 Top-Geschichten für den professionellen Einsatz in Seminar und Coaching* © 2011 managerSeminare Verlags GmbH, Bonn

S. 28 f. aus: Ricard, Matthieu, *Glück* © Nil Éditions, Paris 2003. Titel der Originalausgabe: „Plaidoyer pour le bonheur". Hier nach „Happiness. A guide to Developing Life's Most Important Skill", Little Brown and Company 2006
© Für die deutschsprachige Ausgabe nymphenburger in der F. A. Herbig Verlagsbuchhandlung GmbH, München 2007. Übersetzung aus dem Englischen von Christine Bendner

S. 31 aus: Fried, Erich, *Beunruhigungen* © 1984 Verlag Klaus Wagenbach, Berlin

S. 35 aus: Borwin Bandelow, *Wer hat Angst vorm bösen Mann?* © 2013 Rowohlt Verlag GmbH, Reinbek bei Hamburg

S. 45 f. und 131 aus: Kornfield, Jack und Feldman, Christina, *Geschichten des Herzens.* 978-3-86781-106-4
© 2013 Arbor Verlag, Freiburg (www.arbor-verlag.de)

Über die Autorin

Tineke Osterloh ist Meditations- und Dharmalehrerin und hat viele Jahre in den buddhistischen Theravada- und Zen-Traditionen praktiziert. Die Lehrerlaubnis erhielt sie von dem englischen Meditationslehrer Christopher Titmuss. Tineke Osterloh lebt mit ihrer Familie in Hamburg. Sie arbeitet als Coach und ist u.a. in systemischer Beratung ausgebildet.

Weitere Informationen finden Sie unter: **www.klarheit-finden.de**

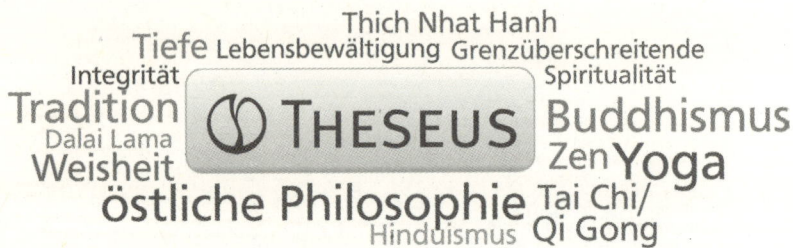

Mit Liebe fürs Detail und für die Umwelt

Bei der Auswahl der Inhalte, die wir präsentieren, achten wir auf Originalität, Kompetenz, Praxisrelevanz und Qualität. So können wir mit Herz und Seele hinter unseren Büchern, Hörbüchern, Filmen und den anderen Produkten stehen, die wir mit viel Liebe und Aufmerksamkeit bis ins letzte Detail fertigen.

Wir leisten einen aktiven Beitrag zum Umweltschutz und verbrauchen nur wirklich notwendige Ressourcen — so sparsam wie möglich. Wir drucken überwiegend auf 100% Recyclingpapier oder produzieren unsere Titel klimaneutral. 99% unserer Fertigung findet in Deutschland statt, so haben wir kurze Transportwege und unterstützen die lokale Wirtschaft.

Inspirationen, interessante und wertvolle Neuigkeiten, Wahres, Schönes & Gutes sowie wichtige Termine können Sie regelmäßig in unserem Newsletter erfahren oder hier: **www.facebook.com/weltinnenraum**

weltinnenraum.de

J.Kamphausen | Mediengruppe